세계 지리, 어디까지 아니?

세계 지리, 어디까지 아니?

초판 1쇄 2015년 12월 18일
초판 6쇄 2024년 3월 11일

글쓴이 이승숙
그린이 유수정
펴낸이 조영진

펴낸곳 고래가숨쉬는도서관
출판등록 제406-2006-000090호
주소 경기도 파주시 회동길 329(서패동) 2층
전화 031-955-9680~1 팩스 031-955-9682
홈페이지 www.goraebook.com
이메일 goraebook@naver.com

글 ⓒ 이승숙 2015 | 그림 ⓒ 유수정 2015

* 값은 뒤표지에 적혀 있습니다.
* 잘못 만든 책은 구입하신 서점에서 바꾸어 드립니다.
* 책의 내용과 그림은 저자나 출판사의 서면 동의 없이 마음대로 쓸 수 없습니다.

ISBN 979-11-86620-87-8 74980
      978-89-97165-49-0 74080(세트)

이 도서의 국립중앙도서관 출판시도서목록(CIP)은 서지정보유통지원시스템 홈페이지(http://seoji.nl.go.kr)와 국가자료공동목록시스템(http://www.nl.go.kr/kolisnet)에서 이용하실 수 있습니다.(CIP제어번호:CIP2015030837)

일러두기 : 이 책의 명칭과 통계 자료는 2014년 3월에 출간한 초등학교 사회과 부도를 참조하였습니다.

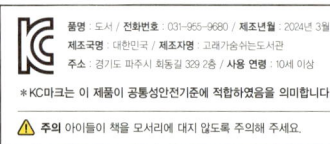

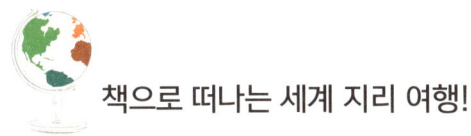
책으로 떠나는 세계 지리 여행!

세계 지리, 어디까지 아니?

이승숙 지음 | 유수정 그림

• 차례

여행을 떠나기 전에 6

1장 우리가 사는 세계
지도의 탄생 12 | 지구가 둥글지 않다고? 13 | 지도 읽기 14 | 세계의 시간 17

2장 세상이 보이는 기후
날씨와 기후 24 | 바람과 비 25 | 세계의 기후 1 – 열대 기후 · 건조 기후 · 온대 기후 28 | 세계의 기후 2 – 냉대 기후 · 한대 기후 · 고산 기후 30
: 남극의 황제펭귄, 북극의 북극곰 33

3장 다양한 지형과 바다
지구의 탄생 36 | 대지형과 소지형의 형성 38 | 다양한 소지형 1 – 하천 · 바다 · 사막 40 | 다양한 소지형 2 – 화산 · 빙하 · 지하수 41 | 무한한 가능성의 바다 43

4장 대륙 이야기 1 – 아시아와 오세아니아
아시아의 이모저모 49 | 아시아의 나라들 51 | 오세아니아의 이모저모와 나라들 56
: 세계 4대 문명 61

5장 대륙 이야기 2 – 유럽과 아프리카
유럽의 이모저모 65 | 유럽의 나라들 66 | 아프리카의 이모저모 72 | 아프리카의 나라들 74

6장 대륙 이야기 3 — 남·북아메리카와 극지방

북아메리카의 이모저모 81 | 북아메리카의 나라들 84 | 남아메리카의 이모저모 88 | 남아메리카의 나라들 90 | 북극과 남극 94
: 크리스토퍼 콜럼버스와 아메리고 베스푸치 97

7장 세계의 문화

세계의 전통 의상과 음식 100 | 세계의 다양한 집 103 | 세계의 종교 106 | 세계의 축제 108

8장 세계의 자원

자원이란? 114 | 에너지로 쓰이는 화석 연료 115 | 광물 자원 117 | 물과 식량 자원 118 | 맛있는 디저트, 열대작물 120

9장 세계의 갈등과 문제, 그리고 함께 살아가기

갈등과 분쟁의 원인들 126 | 중동의 화약고 128 | 산업화와 도시화의 문제 130 | 지구가 아프다고? 133 | 지구에게 휴식을 136

+ 용어 설명 139
+ 참고 도서와 웹사이트 142

● 여행을 떠나기 전에

　어렸을 적 바다 밑에서 소금을 쏟아내는 요술 맷돌에 대한 옛이야기를 들었어요. 그 뒤로 바닷물이 정말로 짠지 궁금했어요. 한참 뒤에 처음으로 바다에 갔어요.

　학교에서 바닷물이 짜다는 것을 배웠지만, 그래도 직접 확인하고 싶었어요. 아무도 모르게 슬쩍 바닷물을 찍어서 맛을 보았어요. 바닷물은 정말로 짰어요.

　학교 다닐 때 부여, 공주, 경주로 수학여행을 갔어요. 버스를 타고 먼 곳으로 여행을 간다는 사실에 전날 밤에는 잠까지 설쳤어요. 무엇보다도 국사 시간에 배웠던 유적지를 돌아볼 수 있어서 정말로 신이 났지요.

　어른이 되었을 때 첫 해외여행을 떠나면서 또다시 그 설렘을 느꼈어요. 미리 여행 갈 나라의 자연, 문화, 역사 등 지리에 대해 찾아보았어요. 그곳에 가서는 내가 찾은 정보와 안내문을 참고하면서, 그 나라와 사람들에 대해 더 깊이 알 수 있게 되었어요.

　갑작스레 무작정 떠난 여행도 있었어요. 예기치 않았던 뜻밖의 즐거움도 있었어요. 하지만 만나는 사람들과 찾아간 곳들에 대해 깊이 이해할 수 없었어요. 그뿐 아니라 선물 하나, 기념품 하나를 고르기도 어려웠지요.

　그 순간 '아는 만큼 보인다.'라는 말이 떠올랐어요. 아는 만큼 사람들과 장소에 대해 더 잘 알 수 있고, 더 넓게 볼 수 있으며, 더 깊이 이해할 수 있다는 뜻일 거예요.

　인터넷 신문에서 코뿔소, 코끼리, 북극곰이 멸종되기 시작했다는 뉴스를 보았어요. 과학자들이 과거의 대량 멸종 시대처럼, 지금의 사태를 또 다른 대량 멸종의 시대로 여긴다는 충격적인 소식도 있었어요.

　흔히들 세계를 지구촌이라고 해요. 지구를 한 마을로 생각하며 일컫는 말이에요. 지구촌에서는 사람, 식물, 동물, 국가, 환경 등이 사슬처럼 관계를 맺고 살아가고 있어요. 오늘날은 지구 전체가 국경을 넘어 협력하며 함께 살아가야 하는 시대예요.

　이를 위해 우리가 할 수 있는 일은 무엇일까요? 우리가 세계를 더 넓고 깊게 더 잘 이해한다면 어떻게 될까요? 작은 걸음이 행복한 세계를 위한 큰 걸음이 될 수 있을 거예요.

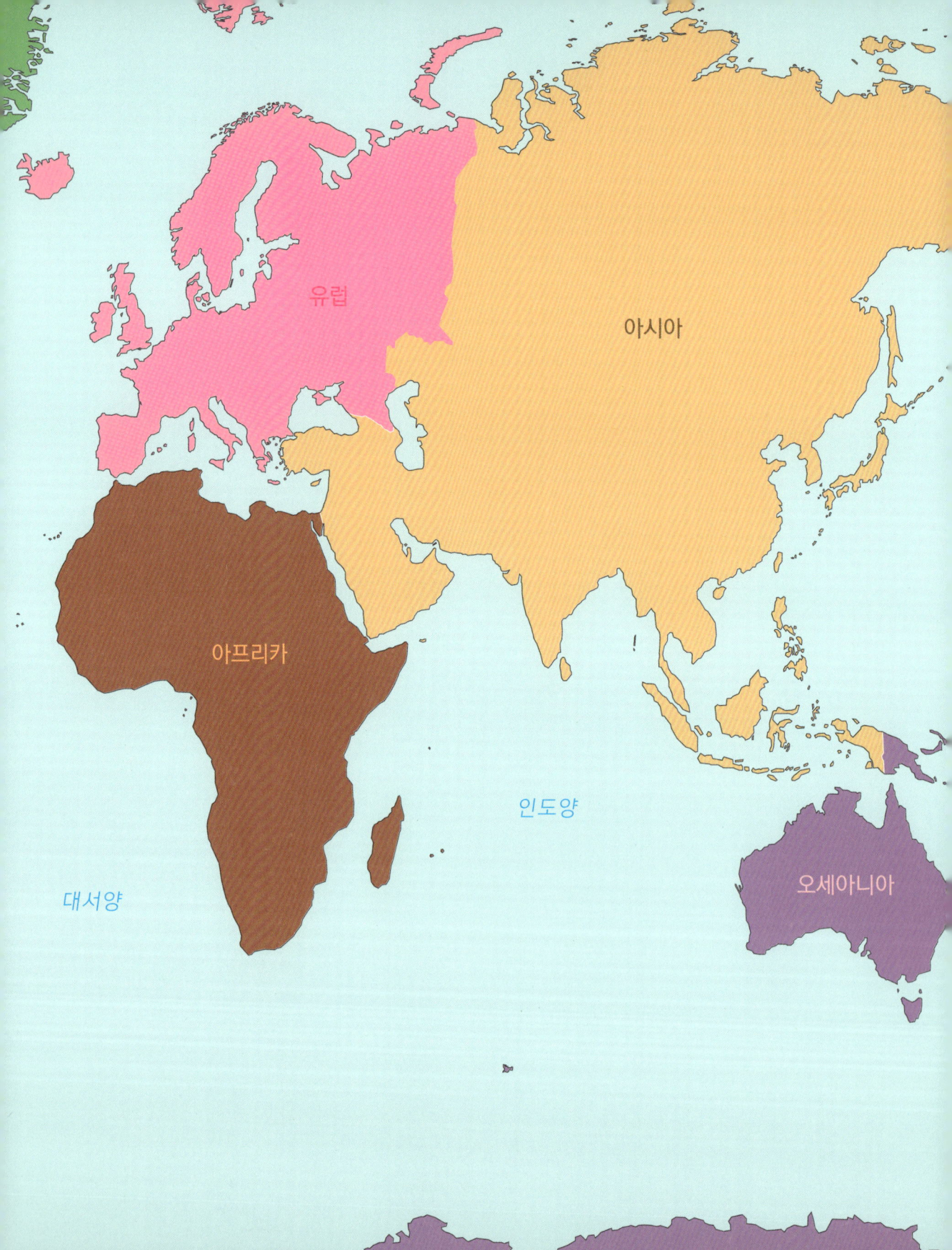

1장
우리가 사는 세계

새 학년이 되면 새 교실을 찾아가야 해요. 수업 준비물을 사려면 문방구에 가야 하지요. 친구를 초대하거나 산 물건을 배달할 때는 집 주소를 알려 주어요. 다른 나라 사람들과 만나면 어떻게 할까요? 아마도 이 말은 꼭 할 거예요.

"난 대한민국에서 왔어. 우리나라는 아시아 동쪽, 중국과 일본 사이에 있어."

무엇이 어디에 있는지 나타내는 걸 위치라고 해요. 높은 곳에서 내려다보면 찾는 곳이 잘 보여요. 주소가 있으면 위치를 쉽게 알 수 있어요. 모르는 곳에 갈 때는 길을 안내해 주는 내비게이션을 켜고 가요. 지도를 보면 자신이 사는 곳뿐 아니라, 다른 나라의 위치도 알 수 있지요.

 ## 지도의 탄생

지도는 위에서 내려다본 모습이에요. 실제 땅의 모습을 일정한 비율로 줄여서 나타낸 그림이지요. 그래서 출발하기 전에 미리 지도에서 목적지를 확인하고 가면 길을 헤맬 염려가 없어요.

지도는 언제부터 있었을까요? 옛날 사람들도 지도를 그렸어요. 땅, 돌, 나무, 가죽 등에 중요한 곳을 표시했어요. 오늘날 전해지는 가장 오래된 지도는 기원전 600년경에 만든 '고대 메소포타미아의 **점토판** 지도'예요. 내용은 알 수 없지만, 무언가의 위치와 누구의 땅인지를 알려 준다고 해요.

노예가 해방되기 전에 미국에서는 **퀼트** 지도가 있었어요. 글을 모르는 노예가 자유를 찾아 북쪽으로 갈 수 있게 도와주었던 지도래요.

지도는 쓰임새에 따라 종류가 다양해요. 가장 흔히 볼 수 있는 지도는 지형도예요. **지표**의 형태와 그곳의 사물을 그린 지도이지요. 어떤 곳의 기후를 보여 주는 기후도, 무언가의 분포를 한눈에 알려 주는 분포도, 바다의 모습을 보여 주는 해도와 해저 지형도도 있어요.

그 밖에도 철도, 도로, 뱃길, 항공로와 통신 등을 알려 주는 교통 지도, 정류장을 표시한 버스와 지하철 안내도 등이 있어요. 오늘날에는 인공위성을 이용하여 위치를 더 정확히 알 수 있어요. 지도는 더욱 진화해서 인터넷이나 스마트폰에서도 확인할 수 있게 되었어요.

 ## 지구가 둥글지 않다고?

　옛날 사람들은 지구가 둥글다고 여기지 않았어요. 해안에서 아주 멀리 가면 지구 밖으로 떨어질 거라고 생각했어요.

　기원전 4세기에 고대 그리스의 철학자 아리스토텔레스는 **월식**을 보고 지구 그림자가 둥글다는 사실을 발견했어요. 천문학자이자 지리학자인 프톨레마이오스는 서기 150년에 세계 지도를 그렸는데 이 지도가 근대 지도의 바탕이 된 지도예요.

　과학자들은 의문을 품고 지구의 진실을 밝히려고 애썼어요. 탐험가들은 위험을 무릅쓰고 미지의 세계를 개척했고요. 발명가들은 망원경, **육분의** 등을 발명하여 탐험을 도왔어요.

　마르코 폴로는 **실크 로드**로, 이븐 바투타는 아프리카, 아라비아와 인도를 거쳐 중국에 갔어요. 콜럼버스는 바다를 항해해 아메리카 대륙을 발견했어요. 그리고 마침내 마젤란과 선원들이 최초로 세계 일주에 성공하여 정말로 지구가 둥글다는 사실을 증명했지요.

　그 뒤로 캡틴 쿡은 남태평양을, 리빙스턴과 스탠리는 아프리카를 탐험했어요. 피어리는 최초로 북극점에, 아문센은 남극점에 도달했어요. 수많은 과학자, 탐험가, 발명가들 덕분에 지구가 둥글다는 사실이 밝혀지고 세계 지도가 만들어졌어요.

1장　우리가 사는 세계

아리스토텔레스는 월식을 보고 지구 그림자가 둥글다는 사실을 발견했어요.

 ## 지도 읽기

지도는 어떻게 보고 위치는 어떻게 찾을까요?

세계 지도를 보면 대한민국은 동반구의 극동, 북반구의 중위도 지역에 있어요. 수치로 말하면 대략 북위 33°~43°, 동경 124°~132°에 걸쳐 있어요.

아이들이 지도를 열심히 들여다보고 있어요. 지도는 지구 표면의 상태를 일정한 비율로 줄여, 이를 약속된 기호로 평면에 나타낸 그림이에요.

지구상의 모든 곳은 위치가 있어요. 덕분에 망망대해를 항해하던 배나, 정글을 탐험하던 여행자가 곤경에 빠져도 위치를 알면 도와주러 갈 수 있어요.

그런데 위치는 어떻게 정했을까요?

지구는 북극과 남극을 일직선으로 이은 축을 중심으로 돌아요. 지구가 스스로 돌기 때문에 자전한다고 해요. 적도는 지구 한가운데를 도는 상상의 선으로, 지구를 북반구와 남반구로 똑같게 나누어요. 위도를 나타내는 위선은 적도에서 양극까지 가로로 그은 선이에요. 적도의 위도는 0°, 북극은 북위 90°, 남극은 남위 90°라고 하지요.

반면에 경선은 세로로 지구의 왼쪽에서 오른쪽으로 그은 선으로 경도를 나타내요. 영국 그리니치 천문대를 지나는 본초 자오선은 경도가 0°인 기준선으로 세계를 동쪽과 서쪽으로 나누어요. 동경 1°~180°는 동반구이고, 서경 1°~180°는 서반구예요. 동경과 서경이 만나는 지점은 날짜 변경선이에요.

가장 흔히 보는 지형도에서 땅은 높아질수록 초록색, 노란색, 갈색, 진한 갈색으로 표시해요. 바다는 깊어질수록 파란색이 짙어지지요.

거리는 어떻게 나타낼까요? 지도의 위나 아래를 보면 축척이 나와요. 축척은 실제 거리를 일정하게 줄여서 지도의 거리로 나타낸 비율이에요. 몇만 분의 일, 몇 백만 분의 일로 표시를 하지요.

가령 1:50,000의 축척은 실제 거리 5만 센티미터(0.5킬로미터)를 지도에서는 1센티미터로 나타내요. 이 축척의 지도에서 거리가 2센티미터인 경우 실제 거리는 1킬로미터이고, 5센티미터인 경우는 실제 거리가 2.5킬로미터가 돼요.

 세계의 시간

이제 시간에 대해 알아볼까요? 지구가 자전을 하기 때문에 세계는 낮과 밤이 있어요. 태양을 마주하면 아침이 오고 등지면 밤이 되지요. 그래서 나라마다 시간이 달라요.

세계는 1884년에 **평균 태양**이 자오선을 통과하는 때를 기준으로 협정 세계시를 정했어요. 지구는 360°이고 하루는 24시간이에요. 이에 기초해 세계를 24개 지역으로 나누고 24개의 시간대를 만들었지요. 따라서 본초 자오선을 기준으로 15°마다 1시간씩 표준시가 달라져요. 본초 자오선은 지구의 경도를 결정하는 데 기준이 되는 자오선이에요. 영국의 그리니치 천문대를 지나는 자오선이 경도 0°로 기준이 돼요.

본초 자오선의 반대편인 경도 180°가 되는 곳을 날짜 변경선이라고 해요. 이 선에서 하루가 끝나고 동시에 다른 날이 시작돼요. 흥미롭게도 날짜 변경선에서 동쪽으로 가면 시간이 빨라지고, 서쪽으로 가면 시간이 느려져요.

지구상에서 가장 먼저 하루가 시작되는 곳은 어디일까요? 날짜 변경선이 지나는 태평양에 있는 나라들이에요. 날짜 변경선과 경선은 일치할까요? 아니에요. 러시아와 키리바시에서 날짜 변경선이 꺾여 있어요. 두 선이 같을 경우 두 시간대를 갖게 되어 한 나라가 이틀로 나뉘기 때문이에요.

좀 더 쉽게 시간에 대해 알아볼까요? 대한민국은 동경 135°를 기준 자오선으로 표준시를 정했어요. 135°를 15°로 나누면 9가 돼요. 그래서 대한민국의 표준시는 세계의 표준시보다 9시간이 빨라요.

　나라마다 표준시가 다르기 때문에 세계 어린이들이 활동하는 시간도 달라져요. 대한민국 어린이들이 학교에서 수업을 시작할 때, 런던 어린이들은 한창 잠을 자고 있어요. 네팔 어린이들이 잠에서 깨어날 때, 뉴욕 어린이들은 저녁을 먹고요.

네팔 어린이들이 잠에서 깨어날 때, 뉴욕 어린이들은 저녁을 먹고 있어요.

2장
세상이 보이는 기후

내일 야외 놀이공원으로 소풍을 갈 거예요. 여름 방학에는 온 가족이 해외여행을 간대요. 내일 날씨와 여행 갈 나라의 기후가 궁금해졌어요. 얼른 내일 날씨와 여행 갈 나라의 여름 기후에 대해 알아보고 싶겠죠?

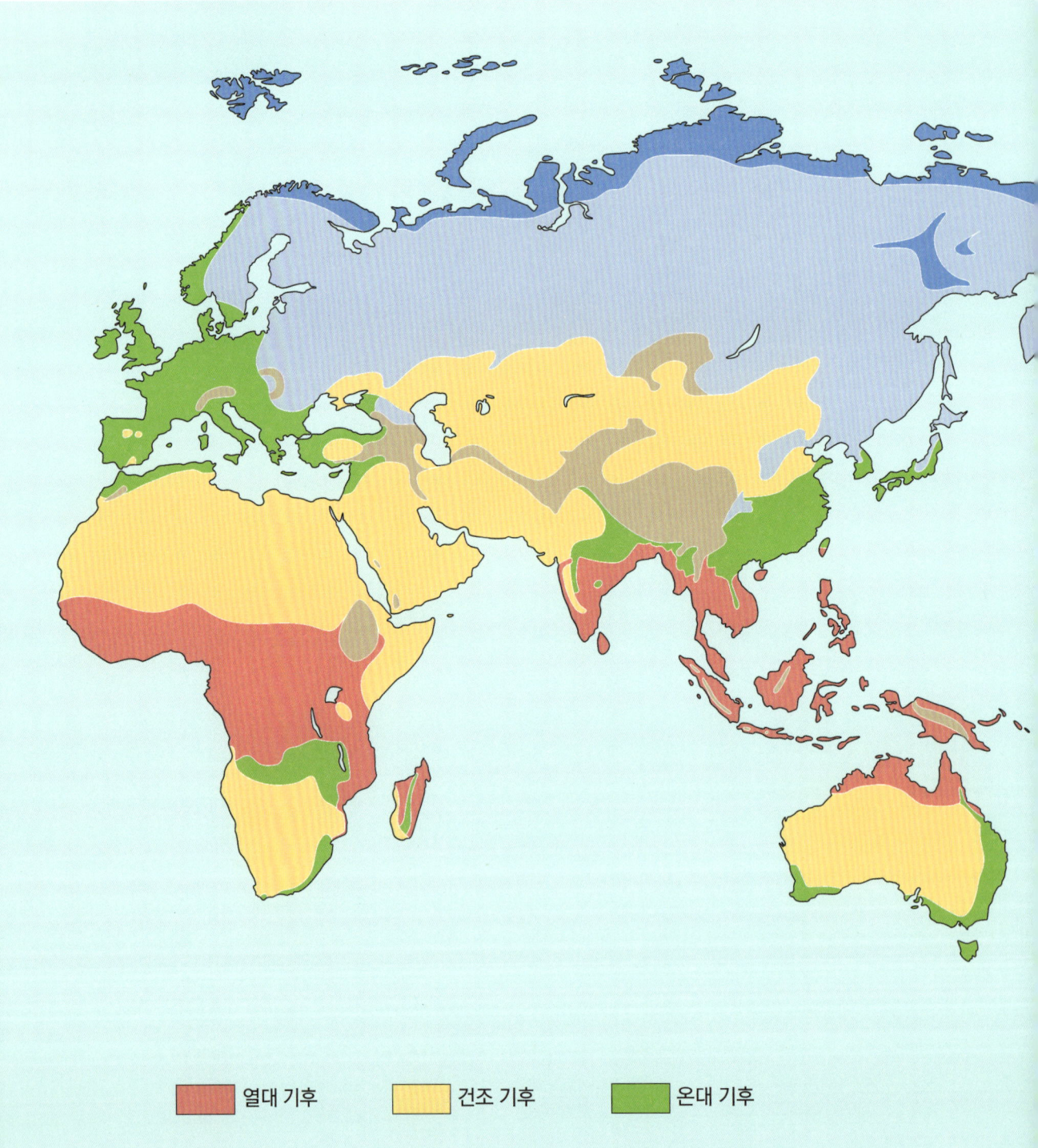

날씨와 기후

같은 듯하면서도 다른 날씨와 기후는 어떻게 구분할까요?

날씨는 그날그날의 비, 구름, 바람, 기온 따위가 나타나는 기상 상태를 말해요. 아침에 비가 왔어도 오후는 맑은 것처럼 시간에 따라 바뀌어요. 기후는 오랫동안 특정 지역의 날씨 변화를 관찰하여 기록한 평균적인 대기 상태예요. 대한민국의 사계절처럼, 주기적·규칙적으로 일정하게 반복을 해요.

갑자기 날이 더워지면 아이스크림, 선풍기, 에어컨의 판매가 늘어나요. 겨울이 유난히 추울 것 같다고 하면 전기난로, 전기장판, 털외투가 잘 팔려요. 이렇듯 날씨와 기후는 사람들의 생활과 밀접하게 관련되어 있어요.

날씨 예보는 내일의 기온, 비 올 확률, 바람의 방향, 파도의 높이 등에 대해 알려 주어요. 습도가 높아 불쾌지수가 높고, 기온 차나 대기 오염으로 안개가 끼며, 언제 첫눈이 내린다는 소식도 전해요.

기온, 바람, 강수량을 기후의 3요소라고 해요. 습도, 서리, 안개 등도 기후에 영향을 주어요. 위도, **해발 고도**, 지형, 해류 등, 지리적 위치가 달라지면 기후 요소도 다르게 나타나요.

위도에 따라 **일사량**과 기온이 달라져요. 지구는 약 23.5° 기울어 일 년에 걸쳐 태양 주위를 돌아요. 이렇게 지구가 공전하기 때문에, 저위도에서 고위도로 올라갈수록 기온이 낮아져요. 세계의 기후는 적도에서 양극으로 갈수록 열대 기후, 건조 기후, 온대 기후, 냉대 기후, 한대 기후를 보여요.

위도가 비슷해도 다른 기후를 보이기도 해요. 적도 주변은 몹시 더워요. 적도 가까이 있지만 케냐의 킬리만자로 산 정상은 일 년 내내 눈에 덮여 있어요. 이유는 해발 고도가 훨씬 더 높기 때문이래요. 같은 산인데도 산 아래와 산 정상은 기온과 사는 식물이 달라요.

유럽 대륙 서안의 아일랜드, 영국, 노르웨이 등은 대한민국보다 위도가 높아요. 겨울에 더 추워야 하는데 오히려 따뜻하다고 해요. 편서풍이 멕시코 동쪽의 난류를 유럽의 북서쪽으로 몰고 가기 때문에, 여름에는 시원하고 겨울에는 따뜻하거든요.

 ## 바람과 비

더워진 공기가 상승하면 차가운 공기가 빈자리를 메우며 이동을 해요. 이렇게 지구는 바람을 통해 대기 대순환을 해요. 바람은 탁월풍, 계절풍, 국지풍이 있어요.

탁월풍은 적도 남쪽과 북쪽의 일정 지역에서 발생해 거의 일정한 방향으로 부는 바람이에요. 탁월풍에는 무역풍, 편서풍, 극동풍이 있어요. 무역풍은 위도 30° 부근에서 발생하여 적도를 향해 불어요. 편서풍은 위도 30° 부근에서 발생하여 위도 60° 사이에서 불지요. 극동풍은 극지방에서 발생하여 위도 60°까지 부는 바람이에요.

무역풍이란 이름은 과거에 이 바람에 의존해서 해양을 가로질러 서쪽으로 항해하는 선원들이 지었어요. 편서풍은 여름에 시원하고 겨울에 따뜻한 서안 해양성 기후에 영향을 주어요. 극동풍은 극지방에서 형성되기 때문에 몹시 차가워요.

계절풍은 대륙과 바다의 온도 차이로 생기는 바람이에요. 여름에는 바다에서 대륙으로, 겨울에는 대륙에서 바다로 불어요. 때문에 여름 계절풍은 습하고 겨울 계절풍은 건조해요. 계절풍이 부는 아시아 지역은 여름에 기온이 높고 비가 많이 내려 벼농사를 많이 지어요.

마지막으로 국지풍은 특정 지역에서만 부는 바람이에요. 프랑스 남부의 차고 건조한 미스트랄이 대표적이에요. 산악 지방에서 산을 넘어 정상에서 아래로 내려오는 따뜻하고 건조한 푄도 국지풍이에요.

그 밖에 여름이면 해안으로 불어와 엄청난 피해를 주고, 인명까지 앗아가는 바람이 있어요. 태풍, 사이클론, 허리케인, 윌리윌리예요. 이 바람들은 바다에서는 강력해지지만 육지에 올라오면 약해져서 빠르게 사라진대요.

태풍은 태평양 북서부에서 발생하여 아시아 동부 및 동남쪽으로, 사이클론은 인도양에서 발생하여 남아시아로 불어요. 허리케인은 멕시코 만에서 발생하여 북아메리카로, 윌리윌리는 태평양 남부에서 발생하여 오세아니아로 불지요.

비는 동물과 식물, 모든 생명체에게 꼭 필요한 존재예요. 비가 원천인 물이 부족하여, 다툼과 전쟁이 일어나고 정든 고향을 떠나기도 해요. 강수량에 따라 울창한 삼림이나 메마른 사막이 되기도 하고요. 그런데 비는 어떻

윌리윌리

허리케인

게 내리는 걸까요?

  더워진 수증기가 상승하여 차가워지면 물방울이 되어 비가 와요. 바다에서 육지로 부는 **습윤**한 바람이 높은 산을 올라가다가 구름으로 변하여 비를 뿌려요. 고위도의 찬바람과 저위도의 더운 바람이 만나 전선이 발달하여 비가 내리지요.

# 세계의 기후 1 – 열대 기후·건조 기후·온대 기후

세계는 매우 다양한 모습과 문화를 보여요. 기후에 따라 의식주, **식생**, 토양 등이 다르기 때문이에요.

독일의 기상학자 쾨펜은 기온과 강수량을 기준으로 기후를 구분했어요. 세계는 적도에서 남북으로 위도가 높아지면서 열대 기후, 건조 기후, 온대 기후, 냉대 기후, 한대 기후를 보여요.

열대 기후는 가장 추운 달의 평균 기온이 18℃ 이상이에요. 일 년 내내 덥기 때문에, 옷을 거의 입지 않거나 가벼운 옷을 입어요. 음식은 잘 상해서 맵고 짜며 향신료를 많이 이용하지요. 집은 습기나 해충의 침입을 피하여 땅에서 떨어져 짓고, 창문은 바람이 잘 통하게 크게 만들어요.

비가 많이 오는 밀림에는 깃털이 아름다운 새, 오랑우탄, 침팬지, 악어 등이 살아요. 우기가 짧고 건기가 긴 사바나 지역은 사자, 코끼리, 영양, 들소, 얼룩말 등이 살고요. 이곳은 비에 유기물이 씻겨 나가서 2, 3년마다 장소를 옮겨 가며 얌과 옥수수 등을 키워요. 아열대 지역에서는 벼, 면화, 황마, 커피, 목화, 사탕수수 등을 재배해요.

건조 기후는 가장 먼저 사막을 떠올리게 해요. 이곳은 연 강수량이 500밀리미터 이하로, 비의 양보다 증발되는 물의 양이 많아 늘 물이 부족해요. 하지만 지하수와 오아시스가 있는 곳에서는 밀, 대추야자, 채소 등을 키워요. 가장 더운 곳이지만 사막여우, 뱀, 전갈, 사와로 선인장 등이 살고 있어요.

사막 주변에는 비가 내려 풀이 자라는 초원이 있어요. 북아메리카의 프레리, 남아메리카의 팜파스 지역이에요. 이곳에서는 기업적 목축, 유목, 방목이 이루어지고 있어요.

온대 기후는 비교적 사계절이 뚜렷하게 나타나요. 가장 추운 달의 평균 기온이 -3℃~18℃로, 기후가 온화해서 사람들이 가장 많이 살지요. 계절에 따라 옷을 입고, 키우는 작물도 많아서 음식의 종류도 많아요. 집들도 냉난방 시설을 함께 갖추는 등 제각각이에요.

열대 기후에서 자라는 사탕수수

건조 기후에서 볼 수 있는 사막

사막 주변의 초원

사계절이 뚜렷한 온대 기후

여름은 고온 다습하고 겨울은 한랭 건조한 대한민국, 일본, 중국 등은 벼와 차를 재배해요. 편서풍의 영향으로 여름에 시원하고 겨울에 따뜻한 영국과 유럽 서안은 목축이 발달하고 밀 농사를 지어요. 여름에 고온 건조하고 겨울은 온난 습윤한 남부 유럽은 여름에 포도, 올리브, 레몬 나무들을 키우고 겨울에는 밀을 키우지요.

 ## 세계의 기후 2 – 냉대 기후·한대 기후·고산 기후

듣기만 해도 냉대 기후는 춥게 느껴져요. 이곳은 가장 추운 달의 평균 기온이 –3℃ 미만이고 가장 따뜻한 달의 평균 기온은 10℃ 이상이에요. 겨울이 길고 춥지만, 여름은 기온이 꽤 높아요. 이 지역은 겨울에 동물의 털과 가죽으로 만든 두꺼운 옷을 입어요. 남쪽에서는 짧은 여름 동안 밀, 호밀, 보리, 귀리 등을 재배해요.

냉대 기후 북쪽은 침엽수들이 자라는 **타이가** 지대로, 목재, 펄프 산업이 발달했어요. 나무로 지은 집은 보온을 위해 천장은 낮고 창문은 작아요. 북반구와 달리 남반구는 중위도에서 고위도로 가는 곳에 드넓은 육지가 없어요. 때문에 타이가 지대가 없다고 해요.

일 년 내내 춥고 북극곰과 순록, 펭귄이 살며, 한여름이면 **백야**, 한 겨울에는 **극야**가 나타나는 곳이 어디일까요? 바로 한대 기후 지역인 북극과 남극이에요. 이곳에서는 빨간색·파란색·노란색·연두색·분홍색 등의 빛이 춤을 추는 오로라도 볼 수 있어요.

한대 기후는 한여름에도 평균 기온이 10℃를 넘지 않아요. 여름에 툰드라 지대에 꽃, 풀, 이끼가 자라지만 나무숲은 없어요. 이곳 사람들은 동물 가죽으로 만든 털옷과 가죽옷을 입어요. 옛날에는 눈과 얼음으로 만든 이글루에서 살았지만, 지금은 현대식 가옥에서 살고 있어요.

눈과 얼음으로 뒤덮이고 몹시 추운 곳이지만, 이누이트, 사모예드 족, 라프 족 등이 순록을 키우고 표범과 물개를 사냥하며 살고 있어요. 오늘날에는 이곳에 매장된 자원을 개발하기 위해 외부인들이 많이 가요. 지구상에서 가장 추운 남극 대륙에는 대한민국을 비롯한 세계 여러 나라들이 과학 기지를 세우고 연구 활동을 하고 있어요.

냉대 기후에서 볼 수 있는 북극곰

고산 기후에서 볼 수 있는 양과 야크

그 밖에 고산 기후가 있어요. 고산 기후는 주로 적도 주변의 해발 고도가 높은 지역에 나타나는 기후예요. 이곳의 기후는 일 년 내내 대한민국의 봄 날씨와 비슷하대요. 좋은 환경 덕분에 남아메리카의 안데스 산맥에서는 아즈텍 문명과 잉카 문명이 꽃을 피웠어요.

오늘날에도 안데스 산맥, 히말라야 산지, 멕시코와 티베트 고원에는 도시들이 발달했어요. 고산 기후에서는 서늘한 기후를 이용하여 감자와 옥수수 등을 재배해요. 또한 초원이 발달해서 양과 야크 같은 가축을 기르지요.

 남극의 황제펭귄, 북극의 북극곰

 황제펭귄은 지구에 사는 펭귄들 중에서 가장 키가 크고 무게가 많이 나가요. 남극에서 겨울에 알을 낳아 기르는 유일한 동물이 황제펭귄이래요. 황제펭귄 암컷이 알을 낳으면 수컷이 발등의 주머니에 알을 넣어 약 두 달에서 네 달까지 알을 품어 부화를 시켜요. 매서운 바람이 세차게 불어와도 수십 마리에서 수백 마리의 수컷들이 서로 안쪽과 바깥쪽으로 자리를 바꾸어 체온을 유지하며 알을 지키지요. 그동안에 수컷은 눈을 먹으며 수분을 섭취하는 것 말고는 아무것도 먹지 않는다고 해요. 알에서 새끼가 나오면 자신의 위 속에 있는 소화된 먹이를 토해서 새끼에게 먹이고요. 이 때문에 황제펭귄은 부성애로 유명해요. 암컷은 새끼가 부화한지 열흘 정도 뒤에 돌아와 수컷과 교대해 새끼를 돌본다고 해요.

 북극곰은 코가 까맣고 온 몸은 북극의 추위를 막아 주는 하얀 털로 덮여 있어요. 북극곰은 땅에서 태어나지만 대부분의 시간을 바다에서 보낸다고 해요. 북극해가 일 년 내내 굉장히 두꺼운 얼음으로 덮여 있거든요. 북극곰 암컷이 12월 하순에서 1월에 눈 속에 구멍을 파고 그 속에서 한두 마리의 새끼를 낳아요. 북극곰은 태어난 지 3~4년이 지나면 2년에 1회 새끼를 낳을 수 있대요. 먹이로 바다표범, 물고기, 바닷새, 순록 등을 먹는데 여름에는 포도와 다래 같은 나무 열매와 해초도 먹지요. 현재 북극곰은 멸종 위기 동물이며, 1973년 이후로 국제 조약에 의해 보호를 받고 있어요. 하지만 지구 온난화로 북극곰의 수가 많이 줄어들고 있어요. 북극의 얼음이 녹으면서 북극곰이 살 수 있는 곳이 줄어들기 때문이에요.

3장
다양한 지형과 바다

지구는 몇 살일까요? 과학자들이 측정한 결과 약 46억 살이라고 해요. 정말 가늠하기 어려운 나이에요. 공룡은 2억 5,000만 년 전에, 두 발로 걷는 최초의 인류는 약 5백만 년 전에 등장했어요.

 ## 지구의 탄생

처음에 지구는 불덩어리였어요. 이것이 서서히 식으면서 발생한 수증기가 대기로 올라가 두터운 구름층을 형성했어요. 구름에서 비가 쏟아지며 지구가 더욱 식어 갔지요. 지구 표면은 서서히 딱딱한 지각으로 변하고 물은 바다가 되었어요.

지구의 내부는 핵, 맨틀, 지각으로 이루어졌어요. 지각은 지구를 둘러싸고 있는 가장 바깥으로 독특한 모습을 보여요. 이것을 지형이라고 해요. 지각은 맨틀의 활발한 **대류**로 움직여요.

지형은 형성 초기부터 지금까지 계속 변하고 있어요. 인도 북쪽 해안과 아시아의 남쪽 해안이 세게 부딪치고 있어서, 지금도 에베레스트 산이 높아지고 있다고 해요.

세계는 5대양 6대륙으로 이루어졌어요. 지금은 대륙이 여섯 개의 큰 땅으로 분리되었지만 처음에는 하나의 커다란 대륙이었어요. 독일의 지구물리학자 베게너는 이 거대한 땅을 '판게아'라고 했어요.

판게아는 약 2억 년 전에 갈라지기 시작했어요. 뜨거운 핵에 의해 맨틀이 오르락내리락 운동을 반복하며 지각판을 밀어냈지요. 판은 서로 스치며 충돌하고 밀어 올리며 깨지고 떨어졌어요. 이렇게 판들이 분리되고 이동하여 지금의 모습이 되었어요.

대륙이 하나였다는 걸 어떻게 알까요? 아메리카 대륙 오른쪽과 아프리카 대륙 왼쪽이 맞물리듯 들어맞아요. 바다 멀리 다른 대륙에서 같은 공룡 화석, 같은 종의 동물이나 식물 화석이 발견돼요. 이러한 사실로 보아 먼 옛날에 대륙이 하나였다는 것을 알 수 있어요.

지형은 산, 강, 호수, 습지, 사막, 빙하, 화산, 대평원 등 매우 다양해요. 인류는 사는 곳의 지형에 적응하여 살아왔어요. 지금도 사람들은 지형과 기후에 맞춰 생활하고 있지요.

지각 - 지구의 바깥쪽을 차지하는 부분으로 토양과 암석으로 이루어졌다.

맨틀 - 지구의 지각과 핵 사이의 부분으로서 깊이 약 30km에서 약 2,900km까지를 가리킨다.

외핵 - 지표에서 깊이 2,900km에서 5,100km 사이에 위치한 부분이다.

내핵 - 지하 약 5,100km의 깊이에서 지구 중심부에 이르기까지의 부분이다.

지구의 내부 구조

 # 대지형과 소지형의 형성

지형은 어떻게 만들어질까요? 에베레스트 산맥과 안데스 산맥, 시베리아 대평원과 유럽 대평원 같은 고원은 대지형이라고 해요. 반면에 대지형 안의 계곡, 호수, 빙하처럼 규모가 작은 지형은 소지형이라고 하지요.

대지형은 맨틀의 움직임으로 인한 조륙 운동이나 조산 운동 같은 지각 변동과 화산 활동으로 만들어져요. 소지형은 침식, 운반, 퇴적 작용 등으로 형성되고요. 침식은 비, 하천, 빙하, 바람 따위의 자연 현상이 지표를 깎는 일이에요. 반면에 퇴적은 암석의 파편이나 생물의 유해 따위가 물, 빙하, 바람 등의 작용으로 운반되어 일정한 곳에 쌓이는 작용이에요.

먼저 대지형을 형성하는 운동들에 대해 살펴보아요. 조륙 운동은 땅의 표면이 솟아오르거나 가라앉아 넓은 육지가 만들어지는 운동이에요. 이때 고원과 대지 같은 넓은 지역이 서서히 만들어지지요.

조산 운동은 습곡 작용과 단층 작용으로 큰 산맥이 형성되는 현상이에요. 습곡 작용이 일어나면 지각판이 양옆에서 수평 압력을 받아 물결 모양의 주름진 습곡 산맥이 만들어져요. 단층 작용이 일어나면, 움직이는 지각판이 압력을 받아 갈라지면서 일부 지각이 내려앉아 절벽이 형성되고요.

화산 활동은 땅속 깊은 곳의 마그마가 지표 밖으로 분출해서 일으키는 작용이에요. 화산 활동으로 육지와 대양 등 다양한 지형이 만들어져요. 방패 모양의 화산인 하와이 제도와 종 모양의 화산인 제주도, 용암 대지인 인도

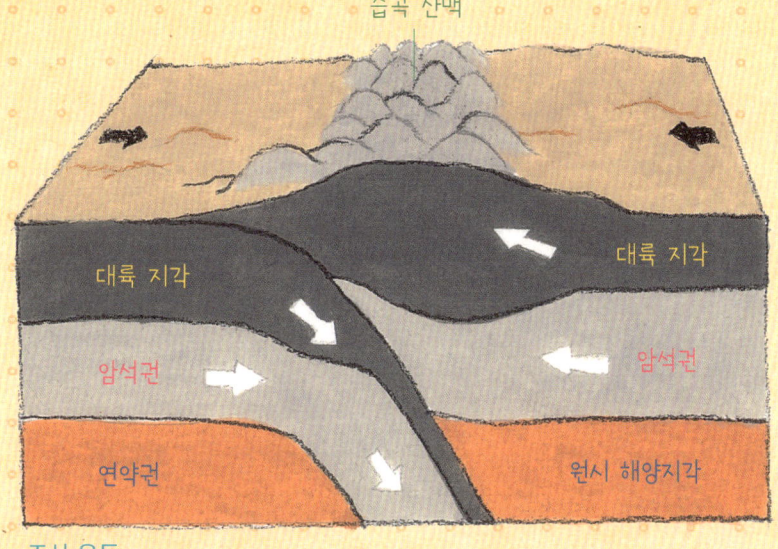

대륙 지각 – 대륙과 대륙의 연장 부분을 이루고 있는 지각. 평균 두께는 약 35km이다.

암석권 – 지구에서 주로 암석으로 된, 지각과 맨틀 상부. 두께는 바다에서 약 70km, 대륙에서 약 150km이다.

연약권 – 지구 표면에서 지하로 약 100~250km에 걸쳐 있는 층이다.

데칸 고원, 분화구 부근이 땅속으로 들어가 물이 고여 생긴 백두산 천지 등이 화산 활동으로 형성되었어요.

　소지형의 모습은 하천, 바다, 화산, 바람, 빙하와 지하수의 영향을 받아 이루어져요. 이때 발생하는 침식, 운반, 퇴적 작용과 **풍화 작용** 등으로 만들어지지요.

 ## 다양한 소지형 1 – 하천·바다·사막

시내나 하천은 어디에서 시작되었을까요? 물줄기를 따라 올라가면 넓은 강이 좁아지며 산에 닿아요. 하천 상류에서는 물이 급격히 흐르며 지표를 깎는 침식 작용이 일어나요. 중·하류 지역은 하천이 범람하여 퇴적물이 쌓인 범람원이 생겨요. 강과 바다가 만나는 곳에는 강물에 실려 온 고운 퇴적물이 쌓여 삼각주가 만들어지고요.

하천은 산에서 시작되어 바다로 흘러가면서, 폭포, 곡류, 범람원, 삼각주 같은 다양한 지형을 만들어요. 낮은 곳은 물이 고여 호수와 습지가 되지요. 중·하류의 범람원과 삼각주에는 농사의 터전인 기름진 평야가 형성돼요. 세계 4대 문명인 이집트 문명, 메소포타미아 문명, 인더스 문명, 황허 문명이 모두 큰 강에서 시작되었어요. 물이 풍부하고 널따란 평야에서 농사를 지을 수 있었거든요.

탁 트인 바다는 아름답고 다양한 모습을 보여요. 육지가 바다 쪽으로 튀어 나오면 곶, 바다가 육지 쪽으로 들어가면 만이라고 해요. 해안 지형은 주로 **파랑**, 조류 등에 의한 침식, 운반, 퇴적 작용으로 만들어져요.

바다에도 침식 작용으로 만들어지는 지형들이 있어요. 해식굴은 해안의 낭떠러지 아래쪽의 약한 부분이 침식 작용으로 깎이어 생긴 동굴이에요. 해식 절벽은 파도, 조류, 해류 등의 작용에 의해 해안에 만들어진 절벽이지요. 그 밖에 바위가 침식 작용으로 아래쪽이 뚫어져서 만들어진 아치 모양의

시아치, 작은 바위섬인 시스텍이 있어요.

파도의 힘이 약해지는 만에서는 퇴적 작용으로 모래사장과 갯벌이 발달해요. 모래가 쌓여 바다가 막히면 석호가 만들어져요. 뭍과 잘록하게 이어진 모래섬인 육계도는 육지와 연결되어 있어요.

오늘날 해안은 경관이 아름다운 관광지예요. 그뿐 아니라 육상과 해상 교통이 만나는 곳이며, 배가 드나드는 어항이지요. 유리한 위치 덕분에 해안 지역에는 석유 화학, 조선 제철 등의 공업 지대가 발달했어요.

사막 하면 덥고 건조하며 비가 내리지 않는 곳이 떠오를 거예요. 사막 지역에서는 오아시스, 모래사막, 자갈 사막, 암석 사막, 버섯 바위, 아치 모양의 바위 등을 볼 수 있어요. 바람에 날려 운반되는 모래가 쌓여 만들어진 언덕인 사구도 있어요. 사막의 강인 와디는 평소에 말랐다가 짧은 시간 동안 큰 비가 내리면 홍수가 되어 물이 흐른대요.

 다양한 소지형 2 – 화산·빙하·지하수

서기 79년에 베수비오 화산 폭발로 고대 로마의 폼페이 시가 사라졌어요. 오늘날도 화산 폭발로 사람들이 생명을 잃고, 화산재가 햇빛을 가려 농작물에 피해를 주며, 앞이 안 보여 항공 대란을 겪기도 해요.

화산 활동으로 만들어진 소지형은 화산, 용암 분화구, 용암 동굴, 용암 대지 등이 있어요. 위험하지만 사람들은 화산 주변의 비옥한 땅에 농사를 짓고 온천수를 이용해 왔어요. 지금은 뜨거운 열을 이용한 지열 발전으로 대체 에너지를 얻고 있지요.

오늘날 세계에는 여전히 활동하고 있는 활화산이 600여 개 이상 있어요. 주로 뉴질랜드 남서쪽에서 동남아시아, 일본 열도, 알래스카, 남아메리카 안데스 산맥까지 태평양을 빙 둘러싼 환태평양 조산대에 위치해요. 그 모양이 원과 같아서 이곳을 '불의 고리'라고 불러요.

이곳에서는 지진도 많이 일어나요. 작은 지진은 큰 피해가 없지만, 큰 지진은 지진 해일과 산사태가 함께 일어나 굉장히 위험해요. 2011년 3월에 일본 후쿠시마를 덮친 지진 해일로 많은 사람들이 생명을 잃었어요.

빙하는 육지 표면의 약 1/10을 덮고 있는 얼음 덩어리예요. 빙하는 천천히 이동하면서 땅이나 주변의 암석을 깎아요. 이때 봉우리가 뾰족한 호른과 U자 모양의 골짜기인 빙식곡이 만들어져요.

빙하호는 빙하 작용으로 생긴 넓은 웅덩이에 물이 고여 생겨요. 해안에서는 빙하의 침식으로 만들어진 계곡에 바닷물이 들어와서 피오르 해안이 형성돼요. 노르웨이의 피오르 해안은 웅장한 모습으로 매우 유명하지요.

그 밖에 지하수가 다양한 지형을 만들어요. 석회암 지대에서는 지하수의 **용식 작용**으로 카르스트 지형이 발달했어요. 카르스트는 석회암층으로 이루어진 지형으로, 이스트리아 반도 북쪽에 있는 지방의 이름에서 유래했다고 해요. 종유석, 석순과 석주 등을 볼 수 있는 석회 동굴, 석회암 돌산인 탑 카르스트, 웅덩이인 돌리네 등이 있어요.

지하수가 만든 다양한 지형

 ## 무한한 가능성의 바다

    지구를 '물의 행성'이라고 해요. 바다가 지구 표면의 70.8퍼센트나 차지하고 있거든요. 지구에는 태평양, 대서양, 인도양, 북극해, 남극해, 이렇게 다섯 개의 큰 바다가 있어요. 태평양은 세계에서 가장 큰 바다이고, 다섯 개의 큰 바다 중 북극해는 일 년 내내 얼어 있는 가장 작은 바다예요.

    육지처럼 바다에도 산과 계곡이 있을까요? 물론 있어요. 바다는 대륙붕, 대륙 사면, 심해, 해구, 해연으로 이루어졌어요. 대륙붕은 육지 주변의 완만

한 경사이고, 대륙 사면은 대륙붕과 해저 사이의 급경사예요. 해령은 해저 산맥, 해구는 좁고 길게 도랑처럼 움푹 들어간 곳, 해연은 해구 중에 특히 깊이 들어간 곳이지요.

바다 안의 모습이에요. 바다는 대륙붕, 대륙 사면, 심해, 해구 등으로 이루어졌어요.

놀랍게 바다에도 소유권이 있어요. 국제 해양법에 따라 바다는 영해, 접속 수역, 배타적 경제 수역, 공해로 나누어요.

영해는 해안선에서 12해리(약 22킬로미터)로 **연안국**에 주권이 있어요. 다른 나라의 어선은 이곳에서 활동할 수 없어요. 접속 수역은 24해리까지로 연안국이 불법 활동을 하는 선박을 규제해요. 중국 어선들이 대한민국의 영해에 들어와 불법으로 물고기를 잡아가기 때문에 문제가 되고 있어요.

배타적 경제 수역은 200해리로 연안국이 어업과 자원 등을 지배할 수 있어요. 공해는 어느 나라에도 속하지 않는 바다예요.

바다의 가치는 정말 대단해요. 오늘날까지 무역이 이루어지는 해상 교통로이며, 물고기와 조개, 소금 등 먹을거리를 제공해요. 지금은 조류, 파랑, 해류 등을 이용해 에너지를 얻을 수 있어요. 바다에는 육지에서 고갈되어 가는 석유, 천연가스, 광물 자원도 풍부해요.

바다의 가능성은 무한해요. 그런데 무분별하게 잡기 때문에 바다 생물이 멸종되고 있어요. 석유가 널리 이용되기 전에는, 고래를 마구잡이로 잡아서 각종 연료로 쓰는 바람에 고래가 멸종 위기의 동물이 되었어요. 유조선 사고로 기름이 유출되고, 생활 하수와 산업 폐기물의 무단 투기 등으로 바다가 오염되는 것도 큰 문제예요.

바다는 식량 자원, 에너지 자원, 광물 자원을 제공해 줄 인류의 공동 재산이에요. 더 늦기 전에 온 인류가 '인류의 마지막 보고'인 바다를 힘을 모아 보호하고 지켜야 해요.

4장
대륙 이야기 1
– 아시아와 오세아니아

세계는 5대양 6대륙으로 이루어졌어요. 때로는 남극 대륙을 포함하여 5대양 7대륙이라고도 해요. 아시아는 적도 북쪽인 북반구에, 오세아니아는 남쪽인 남반구에 위치해요.

 ## 아시아의 이모저모

아시아는 세계에서 가장 넓은 대륙이에요. 유럽과 경계를 이루는 우랄 산맥에서, 남쪽의 인도양과 동북쪽의 태평양에 접하는 지역까지 이르러요. 또한 세계 인구의 60퍼센트가 사는 대륙으로 세계에서 인구도 가장 많아요.

아시아라는 말은 고대 그리스인들이 자기 나라 동쪽에 위치한 나라라고 했던 '아수(asu)'에서 유래했어요. '아수'는 고대 메소포타미아의 강대국이었던 아시리아 말로 '해가 뜨는 동쪽'을 의미한대요.

아시아의 최고를 알아볼까요? 가장 큰 나라는 중국, 가장 작은 나라는 몰디브예요. 가장 높은 산은 네팔과 티베트(중국) 사이에 있는 에베레스트 산, 가장 긴 강은 중국의 창장 강(양쯔 강)이지요. 가장 큰 호수는 유럽 동쪽 끝에서 중앙아시아 서쪽에 있는 세계 최대의 카스피 해예요. 가장 큰 사막은 예멘에서 페르시아 만을 지나 요르단과 이라크에 걸쳐 있는 아라비아 사막이고요.

8,848미터로 세계에서 가장 높은 산인 에베레스트 산은 '세계의 지붕'이라고 불리는 히말라야 산맥에 있어요. 에베레스트 산의 이름은 과거 영국의 식민지였던 인도의 측량 국장이 전임자였던 조지 에베레스트를 따라 지었어요. 하지만 티베트 사람들은 에베레스트 산을 '세계의 어머니' 또는 '성스러운 어머니'라는 뜻의 '초모룽마'라고 불러요.

아시아

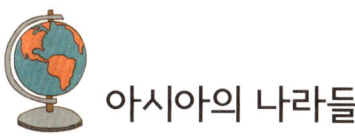 # 아시아의 나라들

　동아시아는 한자 문화권으로 대한민국, 일본, 조선민주주의인민공화국(북한), 중국과 타이완(대만) 등이 있어요. 이곳은 초여름에서 가을까지 태풍이 불고, 덥고 비가 많이 와서 벼농사를 많이 지어요.
　대한민국은 반도와 3,200여 개의 섬으로 이루어져 있어요. 아이티 강국이라 인터넷이 발달했고, 조선, 철강 분야도 발달해 있어요. 대한민국은 한류 돌풍을 일으키며 세계 곳곳으로 문화를 전파하고 있지요. 일본은 섬나라로 화산과 지진이 자주 발생해요. 천연자원은 없지만 첨단 기술을 바탕으로 경제 대국이 되었어요.
　한반도의 44배나 되는 면적을 가지고 있는 중국은 고대 문명인 황허 문명이 시작된 곳이에요. 중국은 동서로 14개국과 국경을 접하며, 국토가 넓지만 시간대는 하나예요. 중국은 베이징 표준시를 사용하고 있어요. 나라가 넓어 같은 시간에 동쪽은 해가 지고, 서쪽은 낮인 재미있는 현상이 일어나요. 지금은 풍부한 자원과 노동력을 이용해 경제를 발전시키고 있어요.
　북한의 정식 명칭은 조선민주주의인민공화국이에요. 북한은 한반도의 북쪽에 위치하며, 압록강과 두만강, 아름다운 금강산과 백두산이 있어요.
　동남아시아에는 필리핀, 말레이시아, 싱가포르, 인도네시아, 타이(보통 태국이라고 불러요), 브루나이, 베트남, 라오스, 미얀마, 캄보디아 등이 포함되어요. **국제 연합**(UN)처럼 이 나라들은 동남아시아 국가 연합(ASEAN, 아세안)

을 결성하여 정치, 경제, 문화, 사회적 발전을 위해 협력하고 있어요.

이곳은 여름에 덥고 비가 많이 내려, 일 년에 벼를 2~3회 수확해요. 적도 지역의 보르네오 섬과 수마트라 섬에는 열대 우림이 있어요.

동남아시아는 태평양과 인도양, 오세아니아 대륙 사이에 위치해요. 이곳은 **대항해 시대** 때 신항로를 개척하고 신대륙을 발견하러 가는 길목이었어요. 이로 인해 오늘날 교통의 요지가 되었고, 기독교, 이슬람교, 힌두교 등 다양한 종교를 믿고 있어요.

남아시아에는 네팔, 부탄, 인도, 방글라데시, 파키스탄, 몰디브, 스리랑카 등이 속해요.

인도와 파키스탄과 방글라데시는 한 나라였는데 종교 등의 이유로 갈라섰어요. 인도가 영국에서 독립할 때 힌두교를 믿는 인도와 이슬람교를 믿는 파키스탄이 먼저 분리되었어요. 이어서 종족 갈등과 정치적인 이유로 파키스탄에서 동파키스탄이 독립하여 방글라데시가 되었지요.

인도는 세계 4대 문명의 하나인 인더스 문명의 발상지로 인구가 세계 2위, 면적은 세계 7위예요. 인도에는 무굴 제국의 5대 황제인 샤 자한이 사랑하는 아내를 기리기 위해 지은 무덤인 타지마할이라는 세계에서 가장 아름다운 건축물이 있어요. 또한 인도는 볼리우드라는 영화 산업으로 유명한데, 이곳에서는 일 년에 영화를 1,000편이나 만든다고 해요.

인도에는 사람들의 신분을 나누는 **카스트 제도**가 있어요. 카스트 제도는 법적으로는 폐지가 되었지만 아직도 일상생활에 큰 영향을 미치는 사회 관습으로 남아 있어요.

몰디브는 지구 온난화 때문에 바다에 잠겨 사라질지도 모른대요. 네팔에는 히말라야의 높은 산을 등반하는 사람들을 돕는 셰르파가 있어요. 스리랑카는 인도 남쪽에 있는 섬나라로 홍차가 유명해요.

서남아시아는 아라비아 반도와 동쪽의 아프가니스탄에서 서쪽의 터키에 이르는 지역으로 중동이라고도 해요. 터키, 시리아, 레바논, 이스라엘, 요르단, 사우디아라비아, 바레인, 예멘, 쿠웨이트, 이라크, 이란 등을 포함하는 지역이에요. 기후가 건조해서 오아시스 농업이나 유목 생활을 하며 대부분 이슬람교를 믿어요.

이라크는 메소포타미아 문명이 발생한 곳이자, 신드바드가 나오는 『아라비안 나이트』의 배경이 되는 나라예요. 이란은 기원전에 번성했던 페르시아제국의 땅이지요. 사우디아라비아에는 이슬람교도가 평생 꼭 가 봐야 할 성지인 메카가 있어요. 요르단과 이스라엘에 걸쳐 있는 사해에서는 물에 둥둥 떠서 책을 읽을 수 있어요.

해저 유전으로 유명한 페르시아 만에는 사우디아라비아, 쿠웨이트, 이라크, 이란 등 산유국들이 있어요. 이곳에서는 석유, 영토, 종교를 둘러싸고 끊임없이 갈등과 문제가 발생해요. 특히 팔레스타인과 이스라엘, 이슬람 국가들 간에 분쟁과 전쟁이 자주 일어나요.

중앙아시아에는 몽골, 카자흐스탄, 투르크메니스탄, 우즈베키스탄, 타지키스탄, 키르기스스탄 등이 속해요. 높은 산, 사막, 넓은 들판이 있는 이곳에는 건조한 지역이 많아요. 따라서 염소, 양, 낙타를 키우는 유목 생활을 주로 해요. 옛날부터 실크 로드를 통해 **대상의 중계 무역**이 활발히 이루어

인도의 타지마할

네팔의 셰르파

중앙아시아 지역의 사막을 걷는 낙타들

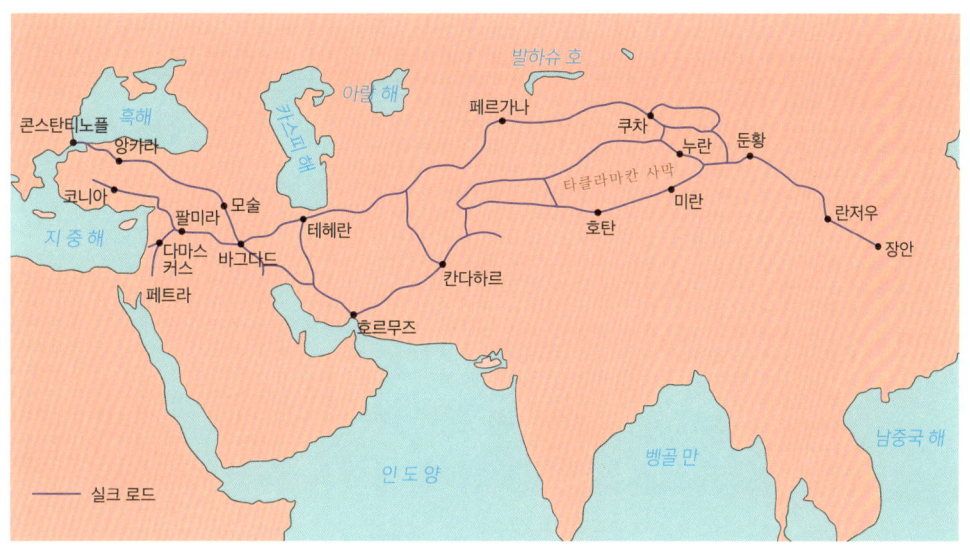

내륙 아시아를 횡단하여 중국과 서아시아·지중해 연안 지방을 연결하였던 고대의 무역로를 실크 로드(비단길)라고 해요. 중국의 특산물 비단을 서양으로 가져가서 붙여진 이름이에요.

졌던 곳이기도 해요.

  우즈베키스탄은 대한민국과 깊은 관련이 있어요. 소련의 지도자였던 스탈린의 강제 이주 정책에 의해 연해주에 살던 한민족이 강제로 이주당한 곳이거든요. 이들은 굴하지 않고 논밭을 일구어 척박한 땅에 쌀농사를 성공시켰어요. 이 지역의 나라 이름에 나오는 '스탄'은 페르시아 제국이 통치한 지역에 붙였던 명칭으로 '~의 땅' 또는 '~의 나라'라는 뜻이래요.

 ## 오세아니아의 이모저모와 나라들

　큰 바다, 곧 대양이라는 뜻의 오세아니아는 남태평양의 여러 섬을 일컫는 말이에요. 오스트레일리아와 뉴질랜드, 남태평양의 멜라네시아, 미크로네시아, 폴리네시아의 섬들로 이루어졌어요.

　오세아니아 대륙에서 가장 높은 산은 뉴질랜드의 쿡 산이에요. 오스트레일리아에는 '지구의 배꼽'이라고 불리는 세계에서 가장 큰 바위인 울루루가 있어요. 오세아니아에서 가장 긴 강인 머리-달링 강과 가장 큰 사막인 그레이트빅토리아 사막도 오스트레일리아에 있어요.

　오스트레일리아는 태평양과 인도양에 둘러싸여 있어요. '남방의 대륙'이라는 뜻의 어원처럼, 섬이지만 땅이 넓어서 대륙이라고도 해요. 세계에서 하나뿐인 대륙이자 나라이지요.

　오스트레일리아 내륙은 지구상에서 남극 다음으로 건조한 곳이에요 대부분이 사막과 불모지여서 사람들이 많이 살지 않아요. 때문에 의사들이 비행기를 타고 왕진을 다닌다고 해요.

　동쪽 해안의 그레이트디바이딩 산맥 서쪽에는 지하수가 솟는 대찬정 분지가 있어요. 이곳에서는 소, 낙타, 양을 방목해요. 북동쪽 해안에는 애니메이션 영화 <니모를 찾아서>의 배경이 된 대보초가 있어요. 대보초는 오스트레일리아 동북 해안에 있는, 세계에서 가장 큰 산호초 지역을 말해요. 약 2,012킬로미터에 이르는 곳으로 우주에서 유일하게 보이는 생물이래요. 산

오세아니아

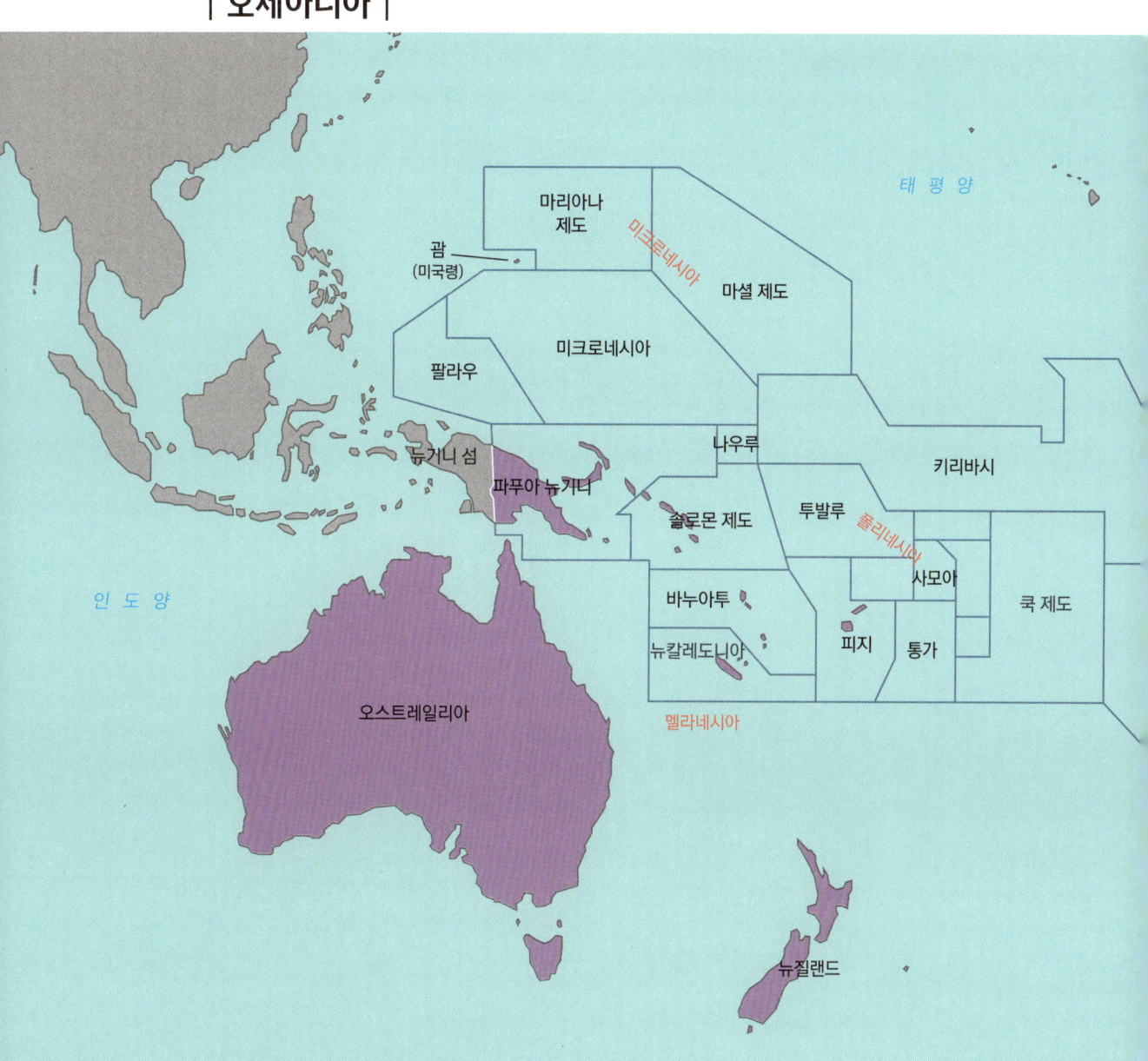

호초가 무성해서 '바다의 열대 우림'이라고도 불리며 수많은 식물과 동물들이 살고 있어요.

오스트레일리아에는 신기한 동물들도 많아요. 캥거루, 코알라, 주머니두더지처럼 새끼를 배에 있는 육아 주머니에 넣어 기르는 유대 동물이 있어요. 키위나 에뮤처럼 날지 못하는 새들도 있지요. 세계에서 유일하게 알을 낳아 젖을 먹여 키우는 오리너구리와 바늘두더지 등도 있고요.

뉴질랜드는 남섬과 북섬으로 이루어져 있어요. 남섬은 빙하가 많고 북섬은 화산과 온천이 많아요. 오스트레일리아처럼 뉴질랜드도 양과 소를 많이 키우는데, 양이 사람보다 훨씬 더 많다고 해요. 뉴질랜드의 원주민인 마오리 족은 고유한 문화와 전통을 보존하며 지키려고 노력하고 있어요.

오스트레일리아의 코알라와 캥거루

뉴질랜드의 원주민인 마오리 족

미크로네시아는 태평양 서쪽, 적도 북쪽에 흩어져 있는 섬들을 통틀어 이르는 말이에요. 그리스어로 '작은 섬들'이라는 뜻인 이곳에는 나우루, 미크로네시아 연방, 마셜 제도 공화국, 팔라우, 미국령인 괌 등이 있어요.

미국은 마셜 제도의 비키니 **환초**와 에니위탁 환초에서 핵 실험을 했어요. 실험 후 이곳에서는 선천성 기형을 가진 아이들이 태어나고 방사능 때문에 많은 사람들이 고통을 당했어요. 위아래가 분리된 여자 수영복이 등장했을 때 세계의 관심은 비키니 섬에 쏠려 있었어요. 그래서 디자이너는 큰 충격을 일으킨 수영복에 '비키니'라는 이름을 붙였대요.

멜라네시아는 남태평양, 오스트레일리아 동북쪽에 위치한 섬들이에요. 미크로네시아와 폴리네시아 사이에 위치해요. 파푸아 뉴기니, 피지 제도, 솔로몬 제도, 비스마르크 군도, 크리스마스 섬, 바누아투 등이 있어요. 멜라네시아라는 이름은 그리스어로 '검은 섬들'이라는 의미예요.

폴리네시아는 '많은 섬들'이라는 뜻으로 태평양 중동부에 위치하고 있어요. 이곳에는 사모아 제도, 쿡 제도, 투발루, 통가, 미국령인 하와이 제도, 프랑스령인 타히티 섬, 칠레령인 이스터 섬이 있어요. 타히티 섬은 프랑스의 인상파 화가인 폴 고갱이 그린 그림으로 유명한 곳이에요.

이스터 섬에는 사람의 형상을 한 거대한 돌 조상이 있어요. 이 돌 조상을 모아이라고 해요. 모아이는 높이가 3.5미터, 무게가 20톤가량 되는 것들이 많지만 10미터가 넘는 것도 있다고 해요. 대부분은 바다 쪽을 등지고 줄지어 서 있어요. 모아이는 머리와 어깨, 몸통만으로 이루어져 있어요. 이마는 좁고 높고 긴 턱, 긴 귀, 얇은 입술의 무표정한 얼굴을 한 석상이에요. 모아이는 어떻게 세워졌는지, 왜 세워졌는지 정확히 알려지지 않았어요. 그래서 더 신비하고 신기한 석상이에요.

이스터 섬에 있는 모아이

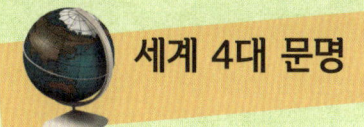
세계 4대 문명

문명은 자연 그대로의 원시적 생활에 비해 물질적, 기술적, 사회적으로 발전한 세련된 삶의 모습이에요. 문명은 기후가 온화하고 큰 강을 낀 기름진 토지가 있는 북반구 지역에서 시작되었어요. 특히 메소포타미아 문명, 인더스 문명, 이집트 문명, 황허 문명이 유명한데, 이를 세계 4대 문명이라고 해요.

메소포타미아 문명은 기원전 6500년경 티그리스 강과 유프라테스 강 유역에서 번영했던 고대 문명이에요. 두 강 주변은 농사짓기 적합한 땅이었고, 물과 먹을거리가 많아서 사람들이 몰려들었어요. 기원전 3000년경에 수메르 인에 의하여 도시 국가로 시작하여 아카드, 바빌로니아 등의 왕국으로 발전했지요.

인더스 문명은 인도 북부에서 시작해 파키스탄을 거쳐 인도양으로 흘러가는 인더스 강을 따라 발전했던 고대 문명이에요. 기원전 3000년 중엽부터 약 1,000년 동안 번영했으며, 강을 따라 여러 유적이 발견되었어요. 파키스탄의 하라파는 최초로 발견된 유적지예요.

이집트 문명은 기원전 3000년경에 나일 강 유역에서 형성된 문명이에요. 이 지역은 외부의 침입이 없어서 오랫동안 이어졌어요. 전제 군주인 파라오는 이집트를 다스리는 통치자이자 땅에서 신의 대신하며 제사를 주관했어요.

황허 문명은 기원전 5000년~4000년경부터 중국의 황허 강 유역에서 발생한 고대 문명이에요. 신석기 시대에서 철기 시대까지 이어진 문명으로, 크고 작은 국가를 이루며 중국 고대 왕조를 탄생시켰어요. 씨족 단위로 마을을 이루고, 움집에서 생활했지요. 붉은색, 검은색과 회색으로 칠한 토기를 사용했어요.

5장
대륙 이야기 2
– 유럽과 아프리카

유럽 대륙은 적도 북쪽인 북반구에 위치해요. 적도가 대륙을 가로지르는 아프리카 대륙은 북반구와 남반구에 걸쳐 있어요.

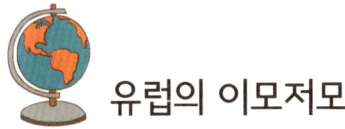 ## 유럽의 이모저모

유럽은 세계에서 네 번째로 넓은 대륙이고 인구는 세 번째로 많아요. 작은 대륙이지만 많은 사람들이 살고 있지요. 유럽의 서쪽은 대서양, 남쪽은 지중해, 북쪽은 북극해와 접해 있어요. 대서양과 북극해와 닿은 서북쪽과는 달리 남쪽은 지중해를 사이에 두고 아프리카와 마주하고 있어요.

삼면이 바다인 유럽의 서·남·북 지역은 다른 대륙과 경계가 뚜렷해요. 반면에 동쪽은 아시아와 이어져 있어 자연 경계가 확실하지 않아요. 많은 논쟁이 있지만 대체로 우랄 산맥, 카스피 해, 흑해가 두 대륙의 경계를 나눈다고 여겨요.

유럽이라는 말의 어원은 두 가지 설이 있어요. 첫째는 그리스 신화에 나오는 '에우로페' 공주와 관련이 있어요. 공주에게 반한 제우스가 흰 소로 변해 공주를 태우고 돌아다녔대요. 그곳을 '에우로파'라고 했는데 그것이 변해 '유럽'이 되었어요. 둘째는 메소포타미아 지방에 살았던 사람들이 해가 지는 서쪽의 땅을 '에레브(ereb)'라고 부른 데서 유래했다고 여겨요.

유럽의 최고는 무엇일까요? 가장 큰 나라는 러시아이고, 가장 작은 나라는 로마 시내에 있는 바티칸 시국이에요. 유럽에서 가장 높은 산은 프랑스와 이탈리아 사이 알프스 산맥에 있는 몽블랑 산이에요. 가장 긴 강은 볼가 강으로 러시아에서 시작되어 카스피 해로 흘러들어요.

동남아시아 국가 연합(ASEAN)처럼, 유럽에도 유럽 국가들의 모임인 유럽 연합(EU)이 있어요. 유럽 연합은 프랑스, 영국, 독일, 이탈리아, 헝가리, 체코, 폴란드 등 유럽의 28개 국이 모여 만든 공동체예요. 유럽의 정치적, 경제적 통합을 이루고 회원국의 안보를 위해 노력하고 있어요. 유럽 연합 본부는 벨기에의 브뤼셀에 있어요.

 ## 유럽의 나라들

동유럽은 러시아, 폴란드, 체코, 슬로바키아, 헝가리 등과 구소련의 붕괴로 독립한 에스토니아, 라트비아, 우크라이나 등으로 이루어졌어요. 주로 사회주의 국가들로 경제 발전이 늦었지만, 지금은 시장 경제를 받아들여 경제 발전을 이루고 있어요. 하지만 민족의 수도 많고 믿는 종교도 달라서, 이곳에서는 민족 또는 종교 분쟁이 자주 발생해요.

러시아는 세계에서 가장 큰 나라로 시간대가 9개예요. 원래 11개였는데 2014년에 9개로 바뀌었어요. 유럽 동쪽에서 아시아의 시베리아까지 영토가 양 대륙에 걸쳐 있지만 대부분 아시아에 있어요. 이 때문에 아시아에 속하는 나라로 여기기도 해요. 하지만 인종, 종교, 언어 등 문화적으로 유럽과 가깝기 때문에 유럽에 속해요.

러시아의 시베리아 철도는 모스크바에서 시작해 시베리아 대지를 가로질러 극동의 블라디보스토크를 연결해요. 총 길이가 9,288킬로미터로 세계에

유럽

서 가장 긴 철도예요. 급행열차를 타고 여행을 할 경우 모스크바를 출발해서 종착역에 다다르기까지 7일이 걸린대요.

서유럽은 영국, 프랑스, 벨기에, 네덜란드, 룩셈부르크, 독일, 스위스, 오스트리아, 모나코, 아일랜드 등이 있어요. 일찍부터 문화와 산업이 발달했고, 정치와 경제가 안정됐으며, 의료 시설과 사회 복지 제도가 잘 갖추어져 있어요.

영국, 벨기에, 에스파냐(스페인), 네덜란드, 룩셈부르크는 군주가 다스리는 나라예요. 스페인은 에스파냐의 영어식 이름이에요. '예술의 도시' 프랑스의 수도 파리에는 에펠탑, 노트르담 성당, 루브르 박물관 등이 있어요. '음악의 도시'인 오스트리아의 빈은 영어로 '비엔나'라고 불러요. 빈에는 국립 오페라 하우스, 베토벤, 슈베르트, 브람스 등이 묻혀 있는 빈 중앙 묘지가 있어요.

'운하의 도시' 암스테르담에는 반 고흐 박물관, 램브란트 광장 등이 있어요. 독일은 예전에 동독과 서독으로 분리되어 있다가 통일되었어요. 당시 동독과 서독 사이에 있던 베를린 장벽은 지금도 남아 있어요.

스위스는 『알프스 소녀 하이디』의 배경이 된 나라로 아름다운 자연이 유명해요. 국제법상 오랜 세월 동안 중립을 보장받은 영세 중립국이에요. 세계 금융의 중심지이며 시계, 정밀 기계 산업과 관광업, 초콜릿 산업, 낙농업이 발달했어요.

남유럽은 에스파냐, 포르투갈, 이탈리아, 그리스, 몰타 등이 있어요. 에스파냐와 포르투갈은 이베리아 반도에 자리 잡고 있어요. 에스파냐는 콜럼버스를 후원해 신대륙 탐험을 지원했고 많은 식민지를 건설하기도 했어요.

　이탈리아 안에는 세계에서 가장 작은 나라이자 교황청이 있는 바티칸 시국과 산마리노 공화국이 있어요. 고대 그리스는 서구 문명의 발상지로, 소크라테스, 플라톤, 아리스토텔레스 등이 철학, 의학, 자연 과학 등 학문 발전에 기여했어요. 오늘날에는 그리스와 로마의 고대 유적들이 세계의 관광객을 불러 모으지요.

　그리스의 수도 아테네는 **아크로폴리스**에 있는 파르테논 신전이 유명해요. 이탈리아 로마에는 원형 경기장이 있어요. 콜로세움의 내부는 약 5만 명을 수용하는 계단식 관람석이 있어요. 그리스와 이탈리아는 그리스 신화와 로마 신화로 유명하며, 세계에서 수많은 관광객들이 찾아와요.

　북유럽은 아이슬란드, 덴마크, 노르웨이, 스웨덴, 핀란드가 있어요. 이곳은 생활 수준이 높고 복지 제도가 발달했어요. 북극 지역에 위치해서 여름에는 백야 현상이, 겨울에는 극야 현상이 일어나요. 북유럽은 거대한 침엽수림이 있어서 임업이 발달했어요. 또한 바다와 접한 자연환경으로 어업이 활발해요. 덴마크는 세계적인 낙농업 국가예요.

　세계에는 산타 마을이 여러 곳 있어요. 그중 핀란드의 산타 마을 '로바니에미'가 널리 알려져 있어요. 이곳에서는 산타클로스에게 쓴 편지가 오면 나라별로 분류하여 산타클로스에게 전달한대요. 어린이가 보낸 편지는 12개국의 말을 하는 비서들이 산타클로스를 도와 답장을 해 준다고 해요.

프랑스 파리 에펠탑

네덜란드 암스테르담 운하

바티칸 시국

핀란드 산타 마을

 ## 아프리카의 이모저모

아프리카는 세계에서 두 번째로 큰 대륙이며 인구도 두 번째로 많아요. 아프리카의 동쪽은 인도양, 서쪽은 대서양과 접하고 있어요. 북쪽은 지중해를 끼고 유럽과, 북동쪽은 홍해를 사이에 두고 아시아와 경계를 이루고 있지요.

아프리카는 적도가 중부를 가로지르기 때문에 다양한 기후와 지형을 보여요. 적도 북쪽은 사막, 남쪽은 초원, 적도 부근은 열대 우림 지역이에요.

아프리카라는 말의 어원을 살펴볼까요? 고대 페니키아 인이 지금의 튀니지에 카르타고라는 식민 도시를 세웠어요. 이곳과 이웃한 민족 중에 '아프리(afri)라는 민족이 있었어요. 기원전 3~2세기에 고대 로마인들이 카르타고를 '아프리(afri)'라고 불렀대요. 라틴 어로 '-카(-ca)'는 '나라' 또는 '땅'을 의미해요.

아프리카는 다른 대륙보다 세계 기록이 많아요. 이곳에는 대륙의 1/3을 차지하는 세계에서 가장 큰 사하라 사막이 있어요. 나일 강은 세계에서 가장 긴 강으로, 우간다에서 시작되어 수단, 이집트를 거쳐 지중해로 흘러 들어가요. 아프리카는 최초의 인류가 등장한 곳이에요. 에티오피아에서 두 발로 걸은 최초 인류인 '아르디피테쿠스 라미두스'의 화석이 발견되었지요.

아프리카에서 가장 큰 나라는 알제리이고, 가장 작은 나라는 세이셸이에요. 세이셸은 마다가스카르 북동쪽, 인도양에 있는 아주 작은 섬나라예요.

아프리카

적도 가까이에 있으면서 정상이 눈에 덮여 있는 킬리만자로 산은 아프리카에서 가장 높은 산으로 탄자니아 북동부 케냐와의 국경 지대에 있어요. 아프리카에서 가장 큰 섬은 마다가스카르이고, 가장 큰 호수는 우간다, 케냐, 탄자니아에 둘러쌓인 빅토리아 호예요.

유럽 연합처럼 아프리카에도 이곳 나라들의 공동체인 아프리카 연합이 있어요. 아프리카 연합은 유럽 연합을 모델로 삼아 창설했어요. 54개 국이 가입했으며 본부는 에티오피아의 아디스아바바에 있어요.

 **아프리카의 나라들**

동아프리카는 코뿔소의 뿔처럼 인도양 쪽으로 튀어나와 있어서 '아프리카의 뿔'이라고 불려요. 이곳은 에티오피아, 케냐, 소말리아, 탄자니아, 우간다 등으로 이루어졌어요.

에티오피아는 6.25 참전국이며 커피의 원산지예요. 케냐와 탄자니아는 야생 동물의 천국으로 사파리 관광으로 유명해요. 두 나라의 국경에는 큰 키로 유명한 마사이 족이 살고 있대요. 소말리아는 내전이 끊이지 않아 기아에 시달리는 사람들이 많은 가난한 나라예요. 소말리아는 해적으로 유명하기도 해요. 한때 군인이었던 해적들로 인해 국제적인 문제가 발생하고 있어요.

서아프리카는 가나, 나이지리아, 말리, 세네갈, 카메룬, 코트디부아르 등이 있어요. 이 지역의 해안 지역은 노예 무역으로 고통을 겪었어요. 가나와 코트디부아르는 초콜릿의 원료인 카카오가 많이 나요. 나이지리아와 카메룬은 축구 강국이지요.

남아프리카는 남아프리카 공화국, 마다가스카르, 모잠비크, 앙골라, 나미비아, 짐바브웨 등이 있어요. 남아프리카 공화국은 오랫동안 네덜란드와 영국의 식민지로 고통을 겪었어요. 1948년부터 시작된 인종 격리 정책으로 흑인들이 차별을 받았지만, 1994년 흑인 대통령 만델라가 당선되며 공식적으로 완전히 폐지되었어요. 세계에서 네 번째로 큰 섬으로 대륙과 떨어져 있는, 마다가스카르에는 여우원숭이처럼 희귀한 동물과 식물들이 많이 자라고 있어요.

이집트의 피라미드

이집트의 스핑크스

카메룬 선수들 축구하는 모습

마다가스카르 여우원숭이

남아프리카 공화국 만델라 대통령

북아프리카는 리비아, 모로코, 수단, 남수단, 알제리, 이집트, 튀니지 등이 있어요. 나일 강 유역에 위치한 이집트는 고대 문명의 발상지로 파라오의 무덤인 피라미드와 스핑크스를 보러 관광객들이 많이 와요.

　알제리는 프랑스의 식민지였지만 석유, 천연가스, 망간 같은 풍부한 지하자원을 개발하며 발전하고 있어요. 남수단은 수단에서 분리 독립했어요. 하지만 권력과 석유를 놓고 종족 간의 다툼과 전쟁이 일어나 수많은 난민이 발생했어요.

　지도를 보면 아프리카는 국경이 반듯해요. 유럽 열강들이 종족을 고려하지 않고 제멋대로 나누어 놓았기 때문이래요. 그 때문에 지금도 한 나라에서 종족들 간에 수많은 분쟁과 전쟁이 일어나고 있어요. 아프리카의 많은 나라들이 정치적, 경제적으로 불안해요. 가뭄, 의료 부족, 빈곤, 문맹, 영양실조 등으로 많은 사람들이 고통을 겪고 있고요.

6장
대륙 이야기 3
– 남·북아메리카와 극지방

　세계는 본초 자오선을 중심으로 동쪽을 동반구 서쪽을 서반구라고 해요. 아메리카 대륙은 서반구에 있으며 대서양과 태평양을 동서로 나누어요. 파나마 운하가 남아메리카와 북아메리카의 경계를 이루고 있어요.

　아메리카의 어원은 이탈리아 항해가 아메리고 베스푸치의 이름에서 유래했다는 설이 있어요. 콜럼버스는 아메리카 대륙을 먼저 발견하고도, 신대륙이 아니라 인도를 발견한 줄 알았다고 해요.

 ## 북아메리카의 이모저모

　북아메리카는 세계에서 세 번째로 크고, 인구는 네 번째로 많은 대륙이에요. 북쪽의 북극해, 서쪽은 북태평양, 동쪽은 북대서양, 남쪽은 카리브 해와 접하며, 파나마 지협을 경계로 남아메리카와 연결되어 있어요. 지협은 두 개의 육지를 연결하는 좁고 잘록한 땅을 말해요.

　이곳에는 캐나다와 미국, 대륙의 중앙 지역인 중앙아메리카와 카리브 해 주변 국가들, 그린란드가 속해요. 아메리카 원주민들이 살고 있었는데도, 유럽의 탐험가들은 새 땅을 발견했다며 '신대륙'이라고 불렀어요.

　북아메리카 대륙의 최고는 다음과 같아요. 가장 큰 나라는 캐나다이고 가장 작은 나라는 카리브 해에 있는 나라인 세인트키츠 네비스예요. 가장 높은 산은 미국 알래스카 주 알래스카 산맥에 있는 매킨리 산이에요. 북아메리카에서 가장 긴 강은 미국의 미시시피-미주리 강인데, 미주리 강이 미시시피 강의 지류라서 두 강을 합쳐 이렇게 불러요. 이 강은 세계에서 네 번째로 긴 강이에요. 가장 큰 호수는 캐나다와 미국에 걸쳐 있는 슈피리어 호예요. 가장 큰 섬인 그린란드는 아메리카 대륙에 있지만 유럽 국가인 덴마크의 지배를 받았어요. 2009년에 덴마크로부터 독립을 선언했지만 여전히 덴마크의 영향 아래 있어요. 전 국토의 약 85%가 얼음으로 덮여 있지요.

　북아메리카는 앵글로아메리카와 라틴 아메리카로 나뉘어요. 미국의 콜로라도 주에서 시작해 미국과 멕시코의 국경을 따라 흘러 멕시코 만으로 흘러들어가는 리오그란데 강이 그 경계이지요.

앵글로아메리카 지역은 미국과 캐나다예요. 이곳에 최초로 발을 디딘 유럽인들은 종교의 자유를 찾아 온 신교도들이에요. 이곳은 아메리카 원주민들이 살고 있었지만, 영국인에 의해 개척되어 영국인의 지배를 받았어요. 그 영향으로 유럽 문화가 전파되었고 주로 영어를 사용해요.

라틴 아메리카는 미국 이남의 멕시코, 중앙아메리카, 남아메리카 지역을 통틀어 말해요. 이곳은 신교도가 주류를 이루는 앵글로아메리카와 달리 구교인 가톨릭이 주도적이에요. 또한 언어도 영어가 아니라 에스파냐 어, 포르투갈 어, 프랑스 어를 사용해요. 인종도 라틴 아메리카의 에스파냐계 백인과 인디오와의 혼혈인 메스티소와 라틴 아메리카의 백인과 흑인의 혼혈인 물라토가 있어요.

메스티소

물라토

| 북아메리카 |

- 알래스카 (미국)
- 캐나다
- 허드슨 만
- 미국
- 대서양
- 태평양
- 멕시코 만
- 멕시코
- 바하마
- 쿠바
- 자메이카
- 벨리즈
- 아이티
- 도미니카 공화국
- 세인트키츠 네비스
- 온두라스
- 과테말라
- 니카라과
- 엘살바도르
- 코스타리카
- 파나마

 **북아메리카의 나라들**

캐나다는 러시아에 이어 세계에서 두 번째로 큰 나라로 시간대가 6개예요. 하지만 북극과 가까운 북쪽은 너무 추워서 사람들이 많이 살지 않아요. 캐나다는 과거에 영국과 프랑스의 식민지였어요. 퀘벡 주에는 프랑스계 사람들이 많아서 영어와 프랑스 어를 함께 써요. 세계적으로 밀을 많이 생산하며 니켈, 아연, 금, 구리 같은 천연자원도 풍부해요.

미국은 50개 주로 이루어진 나라예요. 미국의 수도는 워싱턴 D.C.로 메릴랜드 주와 버지니아 주 사이에 있는 연방 직할지이며, 어느 주에도 속해 있지 않아요. 이곳에 백악관과 국회 의사당이 있어요.

시베리아와 마주 보고 있는 알래스카와 태평양에 있는 하와이는 본토와 떨어져 있어요. 미국은 면적이 넓어서 시간대가 네 개이며, 지형도 평야, 산맥, 평원, 사막, 화산 등 매우 다양해요. 미국은 종종 '인종의 도가니'라고 불려요. 세계 곳곳 많은 나라에서 이민 온 수많은 사람들이 만든 나라이기 때문이에요.

미국은 영국의 식민지였을 때, 아프리카의 흑인들을 노예로 이용했어요. 흑인들을 재산으로 여겨 사고팔았지요. 남북 전쟁에서 북군이 승리하면서, 링컨 대통령이 노예 해방을 선언했어요. 하지만 그 후로도 오랫동안 흑인들은 인종 차별로 큰 고통을 겪었어요.

『오즈의 마법사』에서 회오리바람이 캔자스에 사는 도로시를 먼치킨 랜드로 날려 보내요. 이 바람은 깔때기 모양의 바람인 토네이도예요. 미국 중부는 토네이도가 자주 불어서 '토네이도 길목'이라고 불려요.

멕시코는 미국의 남쪽에 위치한 나라예요. **올멕 문명**, 마야 문명, 아즈텍 문명 같은 아메리카의 초기 문명이 멕시코에서 태어났어요. 치첸이트사는 마야 문명의 대표적인 유적지예요. 이곳에는 높이가 25미터에 이르는 피라미드 신전, 전사의 신전, 천문대 등이 있어요.

마야 문명은 달력을 이용하고 천문학이 발전했으며 문자가 있었어요. 아즈텍 문명은 새로운 농업 기술을 개발하고 금속 공예와 건축술이 뛰어났어요. 하지만 두 문명은 에스파냐의 침략으로 멸망했어요. 멕시코는 오랫동안 에스파냐의 지배를 받아서 에스파냐 어를 쓰며, 인구의 절반 이상이 백인과 인디오의 혼혈인 메스티소예요.

서인도 제도에는 쿠바, 바하마, 자메이카, 아이티, 도미니카 공화국 등과 중앙아메리카에는 과테말라, 온두라스, 파나마, 엘살바도르, 니카라과, 코스타리카 등이 있어요. 콜럼버스는 아메리카 대륙을 발견하고도 이곳을 인도라고 여겼어요. 그래서 멕시코 만, 카리브 해, 대서양 사이에 있는 이곳을 서인도 제도라고 부른대요.

쿠바는 아메리카 대륙 최초의 사회주의 국가예요. 파나마에는 대서양과 태평양을 잇는 파나마 운하가 있어요. 아이티는 해방 노예들이 세운 나라로 프랑스의 식민지였어요. 때문에 아메리카 대륙에서 유일하게 프랑스 어를 쓰는 독립 국가예요. 레게는 자메이카에서 시작된 대중음악이고, 활기 넘치는 라틴 음악인 살사는 푸에르토리코에서 시작해 널리 퍼졌어요.

| 미국의 주 |

끌려가는 노예들

멕시코의 올멕 문명

레게는 자메이카에서 시작되었고, 살사는 푸에르토리코에서 시작되었어요.

 # 남아메리카의 이모저모

남아메리카 대륙은 세계에서 다섯 번째로 큰 대륙이에요. 북쪽은 파나마 지협 또는 콜롬비아의 국경이 있어 북아메리카와 구분돼요. 동쪽은 대서양, 서쪽은 태평양, 남쪽은 남극해와 경계를 이루고 있어요. 적도가 브라질, 콜롬비아, 에콰도르를 가로지르고 있지만 거의 대부분이 남반구에 있지요.

남아메리카의 최고를 살펴볼까요? 가장 큰 나라는 브라질이고 가장 작은 나라는 수리남이에요. 가장 높은 산은 아콩카과 산, 가장 넓은 사막은 파타고니아 사막으로 모두 아르헨티나에 있어요. 칠레의 아타카마 사막은 세계에서 가장 건조한 곳으로 400년 동안 비 한 방울 내리지 않은 곳도 있대요.

아마존 강은 남아메리카에서 가장 길고, 세계에서 물의 양이 가장 많아요. 페루의 안데스 산맥에서 시작하여 적도를 따라 여러 나라를 지나 대서양으로 흘러가요. 강 유역은 지구 전체 숲의 40퍼센트에 이르는 세계 최대의 열대 우림이 있어요. 아마존 열대 우림은 '지구의 허파'라고 불리며 희귀한 동물들이 많이 살아요.

안데스 산맥은 세계에서 가장 긴 산맥으로 파나마 지협에서 태평양 해안을 따라서 대륙 남쪽 끝인 티에라델푸에고까지 이어져요. 또한 남아메리카 사람들의 주식인 감자와 옥수수, 그리고 토마토의 원산지예요. 라마는 이곳에 사는 사람들에게 소중한 동물이에요. 라마로 짐을 나르기도 하고 라마의 털로 옷과 융단 등을 만들거든요.

안데스 산맥에 위치한 티티카카 호는 남아메리카에서 가장 크고, 세계에서 가장 높은 곳에 있는 호수예요. 티티카카는 '퓨마의 바위' 또는 '납으로 된 울퉁불퉁한 바위'라는 뜻이에요. 페루와 볼리비아에 걸쳐 있으며, 워낙 넓고 깊어서 큰 배가 지나다닐 수 있어요. 이곳 주민들은 호수 주변에서 자라는 갈대로 배를 만들어 고기를 잡는다고 해요.

남아메리카에는 다양한 인종이 살고 있어요. 신대륙 발견 후 유럽에서 많은 백인들이 몰려왔어요. 식민 초기에는 **플랜테이션**의 노동력을 얻기 위해 흑인 노예를 들여왔어요. 백인과 인디언들 사이에서 태어난 혼혈 인종을 메스티소라 하고, 흑인과 인디언 사이에서 태어난 혼혈 인종은 삼보, 백인과 흑인 사이에서 태어난 혼혈 인종은 물라토라고 해요. 19세기 이후에는 세계 곳곳에서 이민을 와서 지금은 다양한 인종이 살고 있어요.

 ## 남아메리카의 나라들

적도에 위치한 에콰도르는 나라 이름이 에스파냐 어로 '적도'라는 뜻이에요. 에콰도르에서 서쪽으로 약 1,000킬로미터 떨어져 있는 갈라파고스 섬은 세계 자연 유산으로 바다와 육지 이구아나, 코끼리거북, 펭귄 등 독특하고 신기한 동물들이 살고 있어요.

베네수엘라 볼리바르는 세계적인 산유국이며 커피, 코코아, 목화, 사탕수수 같은 열대작물을 많이 생산해요. 이 나라에는 세계에서 가장 높은 폭포인 앙헬 폭포가 있어요. 볼리비아의 수도 라파스는 세계에서 가장 높은 곳에 있는 수도예요.

브라질은 면적이 세계 5위이고 철광석, 주석, 금 등 천연 자원이 풍부해요. 커피 생산이 세계 1위이며, 아마존 강, 열대 우림, 축제의 나라예요. 또한 축구를 잘하는 나라로 유명하지요. 브라질은 포르투갈의 식민지였기 때문에 남아메리카에서 포르투갈 어를 쓰는 유일한 곳이에요.

아르헨티나, 우루과이에는 팜파스라고 불리는 넓은 초원이 있어요. 이곳에서는 밀, 옥수수 등을 재배하고 소, 양 등을 키워요. 이곳 목장에는 미국의 카우보이처럼 가축을 돌보는 '가우초'가 있어요. 또한 아르헨티나는 탱고가 시작된 곳이에요.

안데스 지역에서는 페루를 중심으로 잉카 문명이 발달했어요. 잉카 문명의 유적지 마추픽추는 신전과 궁전, 계단식 밭이 있는 성곽으로 둘러싸인 요새 도시예요. 하지만 태양의 아들 잉카가 다스리던 잉카 제국은 16세기 초에 에스파냐의 피사로에게 멸망했어요.

페루의 작은 도시 나스카에는 기하학적 도형 따위가 그려진 나스카 지상화가 있어요. 이 그림은 추상적이어서 어떤 뜻인지 알 수 없대요. 게다가 비행기를 타고 하늘에서 보아야 그림 전체를 볼 수 있다고 해요.

칠레는 세계에서 남북으로 가장 긴 나라예요. 세계에서 가장 건조한 곳인, 칠레 아타카마 사막의 춘공고 마을은 독특한 방법으로 물을 얻어요. 언덕에 수십 개의 그물망을 설치해 놓았는데 안개가 그 망을 통과할 때 물방울이 맺혀요. 그러면 그것을 모아서 파이프로 10여 킬로미터 떨어진 마을에 물을 보낸다고 해요. 그 양이 하루에 무려 5만 리터나 된대요.

에콰도르 갈라파고스 섬

브라질 커피

베네수엘라 앙헬 폭포

페루 마추픽추

# 북극과 남극

북극과 남극은 항상 눈과 얼음으로 덮여 있는 지구상에서 가장 추운 곳이에요. 북극은 일 년 내내 얼어 있는 바다이고, 남극은 두꺼운 얼음으로 뒤덮인 대륙이에요. 이러한 이유로 남극을 포함해 세계의 대륙을 7대륙으로 여기기도 해요.

극지방은 왜 다른 곳보다 더 추울까요? 지구는 살짝 기울어 공전과 자전을 해요. 때문에 둥근 지구의 위치에 따라서 표면에 닿는 햇빛이 달라져요. 극지방은 햇빛이 넓은 각도로 비추어서 땅에 닿는 빛이 약해요. 게다가 대부분 흰 눈과 얼음에 반사되어 우주로 되돌아가서 몹시 춥다고 해요.

그런데 북극보다 남극이 훨씬 더 춥대요. 왜 그럴까요? 남극이 육지이기 때문이에요. 햇빛을 받으면 육지는 바다보다 더 빨리 따뜻해지지만 해가 지면 더 빨리 식어요. 땅에 눈과 얼음이 쌓인 남극과 달리, 바다인 북극은 얼음 밑에 바닷물이 흘러요. 육지보다 늦게 식는 바닷물 덕분에 북극이 남극보다 덜 추운 거예요.

많은 탐험가들이 춥고 험난한 북극과 남극에 도달하려고 노력했어요. 미국의 탐험가 로버트 피어리가 1909년 4월에 최초로 북극점에 도달했어요. 노르웨이의 아문센과 영국의 스콧은 먼저 남극점에 도달하기 위해 경쟁했어요.

아문센은 개썰매로 스콧은 엔진 썰매와 조랑말을 이용했어요. 치밀하게

| 북극해 주변국 위치도 |

| 남극 |

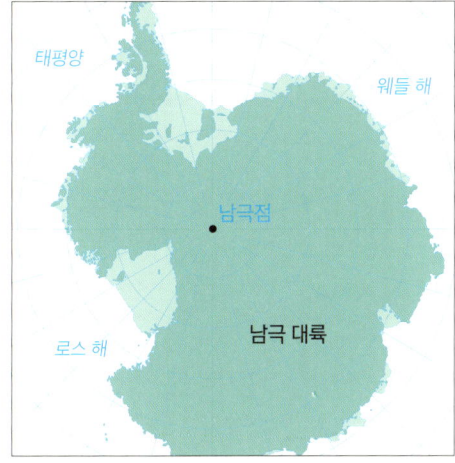

준비한 덕분에 아문센은 스콧보다 한 달 먼저 남극점에 닿았어요. 아문센과 일행에게 선두를 빼앗긴, 스콧과 대원들은 돌아오는 길에 굶주림과 추위로 모두 죽고 말았어요.

북극 지역은 냉대 침엽수림인 타이가와 경계를 이루어요. 여름에 땅이 녹는 툰드라 지역은 이끼와 꽃이 피어 아름다워요. 북극 지역에는 이누이트 등 사람들이 살고 있어요. 오늘날은 항공로, 지하자원, 삼림 자원과 연구 기지로 사람들의 관심을 끌고 있지요. 지구 온난화와 개발 등으로 빙하가 녹고 있어서, 이곳에 사는 동물들에게 큰 위협이 되고 있어요.

남극은 대륙이지만 가장 춥고 바람이 많이 불고 세계에서 가장 건조해서 사람들이 살지 않아요. 그런데 남극은 어느 나라의 땅일까요?

남극은 1959년 체결된 국제 조약에 의해, 어느 나라도 소유할 수 없어요. 평화적 목적과 인류의 이익을 위해서 이용할 수 있어요. 현재는 여러 나라에서 과학 기지를 세워 연구 조사를 하고 있어요. 대한민국도 세종 과학 기지와 장보고 과학 기지를 세워 연구 활동을 하고 있어요.

 크리스토퍼 콜럼버스와 아메리고 베스푸치

크리스토퍼 콜럼버스는 이탈리아의 탐험가예요. 콜럼버스는 지구가 둥글다고 굳게 믿고 인도로의 탐험을 준비했어요. 여러 나라의 왕들에게 후원을 부탁했지만 거절당했어요. 그러다가 결국 에스파냐의 이사벨 여왕의 후원을 받아 탐험대를 꾸렸어요.

1492년 8월에 콜럼버스는 산타마리아 호, 니냐 호, 핀타 호라는 세 척의 배에 90명의 선원을 이끌고 에스파냐 파로스 항구를 출항했어요. 약 두 달 동안 대서양을 항해한 끝에 지금의 아메리카 대륙인 바하마 제도에 도착했지요.

콜럼버스는 그곳을 '구세주의 섬'이라는 뜻의 산살바도르 섬이라고 불렀어요. 신대륙인 그곳을 금과 향료가 있는 땅인 인도라고 믿었지요. 아메리카 원주민들을 인도 사람이라는 뜻으로 '인디오'라고 불렀고요.

바이킹이 콜럼버스보다 500년 앞서 아메리카 대륙에 갔어요. 바이킹과 콜럼버스가 있는데 어떻게 해서 이곳을 '아메리카'라고 부르게 되었을까요?

이탈리아의 탐험가 '아메리고 베스푸치'의 이름에서 유래되었다는 설이 있어요. 베스푸치는 콜럼버스가 타고 갈 배를 만드는 일을 돕고 항해에도 참여했던 사람이에요. 책과 편지 등에서 베스푸치가 그곳을 '신세계'라고 불렀다는 기록이 있어요.

이에 근거해서 독일의 지리학자 발트제뮐러는 '아메리카'라고 부르자고 제안했어요. 자신이 쓴 『세계지 입문』에 아메리고 베스푸치의 이름을 기념하고자 바이킹과 콜럼버스가 먼저 갔던 그곳을 '아메리카'라고 부르자고 한 거예요. 이 책이 널리 퍼지면서 신대륙은 '아메리카'라고 불리게 되었지요.

7장
세계의 문화

아침에서 밤까지 아주 많은 일들이 일어나요. 집에서 잠을 자고 아침에 일어나요. 밥을 먹고 옷을 입고, 학교에 가서 공부를 하거나 직장에서 일을 해요. 쉬는 날에는 종교 활동을 하고, 유적지와 경치 좋은 곳으로 여행을 가지요.

우리는 다양한 문화생활을 해요. 문화는 사람들이 살아오면서 만들어 낸 생활 양식이에요. 옷, 음식, 집, 종교, 축제, 언어, 인종 등으로 사람들이 사는 곳 어디에서나 만날 수 있어요. 문화는 무역, 여행, 정복 전쟁, 이민 등의 교류를 통해 나라와 지역 간에 전파되어요.

 # 세계의 전통 의상과 음식

　오늘날 사람들은 비슷한 옷을 입어요. 어디에서나 아이와 어른 모두 청바지와 티셔츠를 즐겨 입고요. 결혼식과 장례식에 갈 때는 격식을 차려 예의 바른 차림을 해요. 일반적으로 기후에 따라 더운 곳에서는 얇고 시원하게, 추운 곳에서는 두텁고 따뜻하게 입지요.

　대한민국의 한복처럼 나라마다 전통 의상이 있어요. 영국 스코틀랜드 지방의 킬트, 중국의 치파오, 베트남의 아오자이, 일본의 기모노, 하와이의 무무, 페루의 판초 등은 모두 그 나라의 전통 의상이에요. 이란의 차도르와 인도의 사리, 에스파냐의 투우사 옷과 플라멩코 드레스, 그리스의 튜닉과 키톤, 멕시코의 레보소도 전통 의상이에요.

대한민국의 한복

영국 스코틀랜드의 킬트

베트남의 아오자이

인도의 사리

옷처럼 우리가 먹는 음식도 매우 다양해요. 기후에 따라 지역마다 키우는 농작물이 다르거든요. 저장법과 조리법도 달라서 같은 재료가 다른 음식이 되기도 해요. 지금은 교통과 운송이 발달하여 농작물이 자유롭게 이동을 해요. 덕분에 외국에 가지 않고 다른 나라의 음식을 먹을 수 있어요.

벼는 고온 다습한 곳에서 잘 자라기 때문에 주로 온대나 열대 지방에서 재배해요. 벼를 찧으면 쌀이 되지요. 밀은 비교적 추위와 가뭄에 강해서 온대는 물론 냉대나 건조 지역에서 많이 생산해요. 동아시아와 동남아시아에서는 주로 쌀을, 중동과 유럽은 밀과 보리를 먹어요. 라틴 아메리카에서는 옥수수와 콩이 주식이에요.

음식을 먹는 방법도 달라요. 인도, 타이, 동남아시아의 나라들, 중동과 아프리카의 열대 기후 지역은 손으로 음식을 먹어요. 이곳에서는 음식을 식혀 먹어야 했기 때문에 뜨거운 음식을 먹는 추운 지방과 달리 도구가 필요 없었어요.

고기를 많이 먹는 유럽과 아메리카에서는 포크와 칼을 사용해요. 칼은 일찍부터 사용했지만, 포크는 중세 시대에 와서 널리 이용하기 시작했대요. 쌀이 주식인 나라들은 젓가락을 사용해요. 먹을거리를 알맞게 잘라서 조리한 음식과 밥을 집기에 젓가락이 적합하거든요.

세계 여러 나라의 전통 음식은 터키의 케밥, 케냐의 우갈리, 몽골의 허르헉, 베트남의 퍼, 스위스의 퐁듀 등이 있어요. 대한민국의 김치, 인도의 카레, 일본의 초밥, 이탈리아의 파스타와 피자, 멕시코의 타코, 미국과 캐나다의 햄버거, 홍콩의 딤섬 등도 있지요.

대한민국의 김치

인도의 카레

이탈리아의 파스타와 피자

 ## 세계의 다양한 집

아주 먼 옛날 사람들은 어떤 집에서 살았을까요? 동굴이나 바위와 땅을 판 곳에 나뭇가지나 나뭇잎을 얹은 움집 같은 곳에서 살았을 거예요. 사람들은 풀, 흙, 나무, 돌, 얼음 등을 이용해 집을 지었어요. 오늘날은 비슷한 집들도 많고, 세계 어디를 가든 대도시는 높은 빌딩 숲을 이루고 있어요.

하지만 세계의 전통 가옥은 모습이 달라요. 옷이나 음식처럼 집도 기후와 지형의 영향을 많이 받았어요. 사는 곳의 어려움을 극복하고 단점은 보완하며, 얻기 쉬운 재료를 활용해서 집을 지었거든요.

열대 기후에서 벽은 바람이 잘 통하게, 지붕은 급경사로, 바닥은 습기, 해충, 무더위를 막기 위해 땅에서 떨어지게 집을 지었어요. 이런 장점을 활용한 집이 동남아시아와 남태평양의 수상 가옥이에요. 케냐의 쇠똥 집은 지역 특성을 잘 살린 집으로, 낮에는 시원하고 밤에는 따뜻하대요. 우기에 집 안에서 불을 피울 때, 벽 한쪽을 떼어 내 연기를 내보낸다고 해요.

건조 기후는 강수량이 적고 무더워요. 따라서 지붕이 평평하고 벽은 두꺼우며 창문은 작지요. 이 지역은 나무가 귀하고 흙이 흔해서, 흙을 빚어 햇볕에 말린 흙벽돌로 집을 지었어요. 사하라 사막과 사우디아라비아의 토벽집이 독특해요.

온대 기후 집들은 냉방 시설과 난방 시설이 갖추어져 있고 형태도 다양해요. 대한민국은 건축 재료에 따라 초가집과 기와집이 있고 온돌을 깔아 따뜻하게 했어요. 지중해 지역은 창문을 작게 해서 강한 햇볕을 막고, 석회석 도료를 바른 흰 돌집을 지어요. 땅이 바다보다 낮은 네덜란드의 풍차는 곡식을 빻거나 물을 퍼내는 데 이용했어요.

타이가는 냉대 기후에 있는 침엽수림으로, 유라시아 대륙에서 북아메리카를 동서 방향 띠 모양으로 둘러싸고 있어요. 냉대 기후 지역에서는 나무를 이용하여 통나무집을 지어요. 보온을 위해 천장은 낮고 창문이 작은 것이 특징이지요. 핀란드의 통나무집이 유명하며, 초원이 발달한 몽골에는 유목 생활에 적합한 천막식 이동 주택인 게르가 있어요.

한대 기후의 전통 가옥은 얼음과 눈덩이를 쌓아 만든 이글루가 잘 알려져 있어요. 하지만 오늘날에는 땅에서 2미터 올려 지은 현대식 집에서 살고 있어요. 겨울과 여름의 온도 차이가 커서 땅이 녹아 건물이 무너질 수 있기 때문이래요.

동남아시아 수상 가옥

핀란드식 통나무집

몽골 이동 주택 게르

7장 세계의 문화

# 세계의 종교

예로부터 사람들은 힘이 있다고 여긴 해, 나무, 동물 등을 믿고 숭배했어요. 이것이 종교의 시작이에요. 오늘날 세계의 종교는 크게 나누어 기독교, 이슬람교, 불교, 힌두교, 유대교의 5대 종교가 있어요. 기독교, 이슬람교, 불교는 세계 3대 종교예요.

유럽, 아메리카, 오세아니아에서 많이 믿는 기독교는 이웃을 사랑하라고 가르쳐요. 유럽 문화를 형성하는 데 큰 영향을 주었고, 탄생, 결혼, 죽음까지 기독교인들의 생활에서 중심 역할을 해요. 지금은 가톨릭, 개신교, 그리스 정교회로 나뉘었고, 수도원, 성당, 교회 같은 아름다운 유산을 남겼어요.

이슬람교는 박애를 실천하는 종교예요. 이슬람교도는 신앙 고백, 예배, 자선 활동, 라마단 금식, 성지 순례로 일컬어지는 5대 의무를 지키며 율법에 따라 생활해요. 이슬람력의 아홉 번째 달로 '더운 달'인 라마단 시기에는 해가 뜰 때부터 해가 질 때까지 식사, 흡연, 음주 따위를 금하지요.

코란에서 금지하는 술과 돼지고기를 안 먹으며, 머리에 히잡을 두른 여성들의 모습은 매우 독특해요. 기도를 드리는 모스크는 뛰어난 건축 기술과 화려하고 웅장한 경관으로 유명해요.

불교는 인도 북부에서 발생하여 아시아에 널리 퍼졌어요. 불교는 수행을 통해 고통과 번뇌에서 벗어나 깨달음을 얻으면 누구나 부처가 될 수 있다고 해요. 인간의 무한한 가능성과 평등을 인정하는 자비 정신을 실천하지요. 국민 대부분이 불교도인 타이의 남자들은 일생에 한 번, 반드시 불교 수행을 마쳐야 어엿한 인간으로 인정을 받는대요.

이슬람교에서 예배를 하는 건물인 모스크

불교에서 부처의 얼굴 모습을 한 불상

힌두교도들은 만나면 '당신의 신께 경배를' 뜻하는 '나마스떼' 하고 인사를 해요. 다양성을 인정하는 힌두교의 나라로 인도, 네팔, 말레이시아, 인도네시아가 있어요. 힌두교는 영혼의 윤회를 믿으며, 현생에 충실히 살아야 다음 생에 좋은 신분으로 태어난다고 여겨요. 인도는 갠지스 강에서 몸을 씻는 종교 의식이 매우 유명해요.

유대인은 유일신을 믿고 스스로를 선택된 민족이라고 여겨요. 이들이 믿는 종교가 바로 유대교예요. 율법인 '토라'에 따라 생활하지요. 유대인의 정신적, 문화적 생활 교훈서로 알려진 '탈무드'는 일상생활의 기준으로 유대인에게는 정신문화의 원천이에요.

 ## 세계의 축제

대한민국의 한가위, 미국의 추수 감사절, 중국의 중치우지에(중추절), 일본의 오봉, 인도 남부의 퐁갈, 베트남의 뗏 쭝 투(중원절), 아프리카의 콴자(추수 감사절)의 공통점은 무엇일까요?

예부터 전해 내려온 명절로 수확의 계절에 벌어지는 축제예요. 신, 조상, 자연 등 감사를 드리는 대상과 시기는 다르지만, 온 가족이 모여 풍요로움과 기쁨을 함께 나눈다는 점은 같아요.

이처럼 가족이 모여서 오붓하게 즐기는 축제도 있지만, 지역 주민과 여행

객이 어우러져 즐기는 축제도 있어요. 축제는 자연환경, 전통문화, 종교 등과 관련이 있어요. 축제를 통해 주민들은 서로 일체감을 느끼고, 여행객들은 그 지역을 더 잘 이해할 수 있지요.

몽골의 나담 축제, 페루의 쿠스코 태양제, 노르웨이의 바이킹 축제는 조상의 용맹과 개척 정신을 기리거나 전통을 이어 가고 있어요. 멕시코의 세르반티노 축제는 작가 세르반테스를 기리기 위해 시작되었어요. 일본 삿포로의 눈 축제, 캐나다 퀘벡의 윈터 카니발, 타이의 송크란 축제는 자연환경을 극복하거나 이용한 축제예요.

특산물을 이용한 축제로 에스파냐의 부뇰 토마토 축제, 네덜란드의 튤립 축제, 독일 뮌헨의 맥주 축제 등이 있어요. 석가 탄신일의 연등 놀이와 방생, 크리스마스와 부활절, 이슬람교의 라마단 후 이드 알 아드하(희생제)는 종교에서 비롯되었어요.

그 밖에 프랑스 칸에서 열리는 칸 영화제, 이탈리아의 베니스 영화제, 독일의 베를린 영화제는 세계 3대 영화제이자 영화 축제예요. 브라질의 리우 카니발, 미국 하와이의 알로하 페스티벌도 세계인들이 함께하는 대표적인 문화 축제예요.

세계는 한국어뿐 아니라 중국어, 에스파냐 어, 영어, 아랍어, 힌두 어, 포르투갈 어 등 수많은 언어로 말하고 글을 읽고 써요. 인종도 백인종, 흑인종, 황인종이 있어요. 이렇게 다양한 언어와 인종처럼 사람들의 생각과 행동도 제각각 달라요.

사람이 사는 곳 어디에나 다양한 문화가 존재해요. 문화는 나름의 가치와

의미를 지니고 있어요. 서로 다를 뿐 더 우수하거나 열등한 문화는 없어요. 우리는 다른 문화에 관심을 갖고 이해해야 해요. 다른 문화를 인정하고 존중하며 좋은 점은 배우는 것이 중요해요.

에스파냐의 부뇰 토마토 축제

네덜란드의 튤립 축제

독일 뮌헨의 맥주 축제

7장 세계의 문화

8장
세계의 자원

고개를 한껏 젖혀야만 끝이 보이는 고층 빌딩들, 거리를 가득 메우고 있는 버스, 택시, 자가용 등 온갖 차량, 지하에서 거침없이 달리는 기차, 공원 벤치에 앉아 주스나 커피와 햄버거를 먹는 사람들, 멋진 옷차림을 한 사람들. 오늘날 대도시에서 흔히 볼 수 있는 모습이에요.

사람들이 살아가는 데 많은 것들이 필요해요. 먹을 것, 잘 곳, 입을 것, 타고 다닐 것 등이에요. 모두 다 자원을 이용해서 만들지요.

 ## 자원이란?

고층 빌딩을 지으려면 철근, 시멘트, 노동력 등이 필요해요. 차량은 이것을 만드는 재료뿐 아니라 움직이기 위한 석유가 있어야 하지요. 사람들이 앉아 쉬는 의자, 먹는 음식, 입는 옷도 만들려면 필요한 것들이 많아요.

사람들은 일상생활을 꾸려 나가며 수많은 일을 해요. 그러면서 생활에 필요한 것들을 생산하여 분배하고 소비하지요. 이렇게 일상생활과 경제 활동을 하려면 꼭 필요한 것이 있어요. 바로 자원이에요.

자원은 천연자원 외에도 인적 자원과 문화 자원이 있어요. 천연자원은 광물, 산림, 수산물처럼 자연에서 얻을 수 있는 자원이에요. 인적 자원은 우수하고 숙련된 사람들의 노동력이나 기술 등이고요, 문화 자원은 풍습, 종교, 예술, 전통과 같은 자원이지요.

천연자원은 우리가 날마다 사용하는 물건들의 재료가 되는 원료예요. 공장에서는 광물, 농산물, 수산물, 산림 작물 등을 원료로 제품을 생산해요. 상점에서 이 제품을 판매하고 사람들은 이것들을 구입해서 사용하지요.

이제 천연자원에 대해 알아볼까요?

 ## 에너지로 쓰이는 화석 연료

죽은 동식물이 오랫동안 땅속에 묻혀 화석처럼 굳어진 연료를 화석 연료라고 해요. 화석 연료는 에너지 자원으로 널리 이용되고 있어요. 열, 전기, 연료 등으로 물체가 일을 할 수 있게 도와주어요. 화석 연료에는 석탄, 석유, 천연가스, 유모 셰일이 있어요.

석탄은 산업 혁명을 이끈 주인공으로, 증기 기관을 움직이고 철광석을 녹이는 데 쓰였어요. 석유보다 세계 곳곳에 널리 분포하고 매장량이 풍부한 자원이에요. 특히 중국, 미국, 인도, 오스트레일리아와 남아프리카 공화국에서 많이 생산해요. 오늘날 석탄은 대기 오염을 일으키는 주범으로 비난을 받는데, 질 낮은 석탄을 대량으로 사용하기 때문이래요.

고대인들은 석유를 '죽은 고래의 피' 또는 '유황이 농축된 이슬'로 여겼어요. 성경에는 노아의 방주에 역청을 발라 방수를 했다고 나와요. 이 역청도 석유에 속해요.

1859년에 드레이크가 미국 펜실베이니아에서 발견한 뒤로 석유는 가장 중요한 에너지원이 되었어요. 원유를 가열하여 만든 경유, 등유, 휘발유는 연료로 쓰여요. 석유는 합성 섬유, 합성 고무, 플라스틱, 의약품의 원료로도 이용해요. 석유는 서남아시아, 러시아, 미국, 중국에 많이 매장되어 있어요.

천연가스 버스는 대기 환경을 향상시킨 일등 공신으로 여겨요. 석유와 달리 천연가스가 오염 물질을 적게 배출하여 공해를 덜 일으키거든요. 기체인 천연가스는 어떻게 운반할까요? -162도로 냉각, 압축하여 액체로 만들어 운반해요. 천연가스는 중동, 러시아, 미국에 많이 매장되어 있어요.

유모 셰일은 합성 원유로 불리는 화석 연료예요. 강한 열을 가하면 상당한 양의 석유가 만들어져요. 하지만 그 과정에서 물이 많이 필요하고 발암성 폐기물이 발생된다고 해요. 이 때문에 석유의 중요한 공급원이지만, 석유가 고갈된 뒤에 널리 이용될 거라고 여겨요.

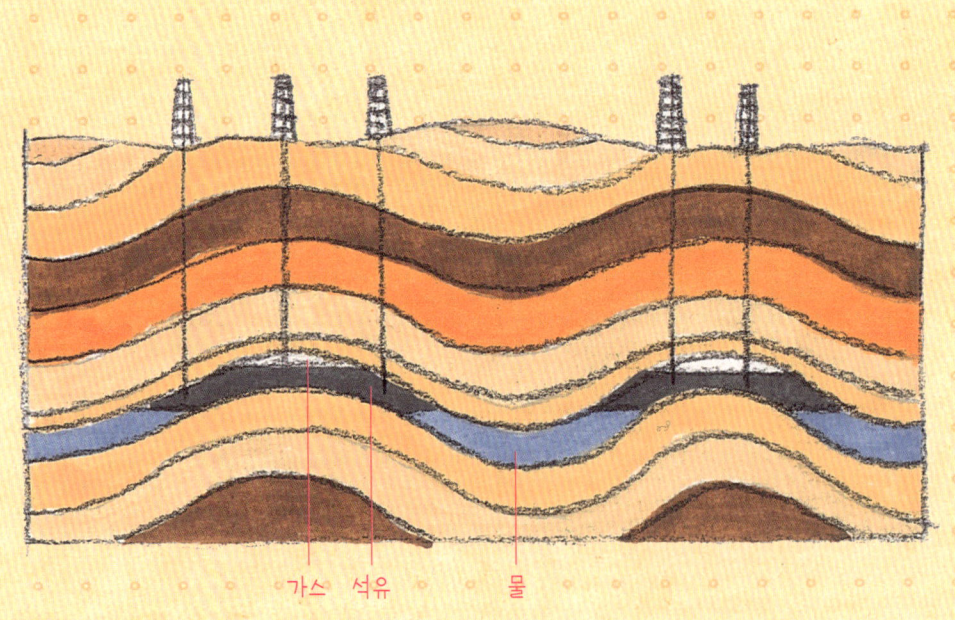

가스 석유   물

석유는 땅속에서 천연으로 나는, 탄화수소를 주성분으로 하는 가연성 기름을 말해요. 검은 갈색을 띤 액체인 천연 그대로의 것을 원유라 하고, 이것을 증류하여 휘발유, 등유, 경유, 중유, 석유 피치, 아스팔트 따위를 얻어요.

 **광물 자원**

오늘날 산업 발전의 중심이 되어 온 자원들이 많아요. 특히 공업 발전에 꼭 필요한 광물 자원이 있는데, 바로 철광석, 금, 은, 구리, 보크사이트 등이에요.

고대 그리스인은 철을 '하늘의 선물'로 여겼어요. 우리는 여전히 철기 시대에 살고 있어요. 철은 빌딩, 차량, 비행기, 다리 등 온갖 산업에 꼭 필요하기 때문에 '산업의 쌀'이라고 해요. 철광석은 브라질, 중국, 오스트레일리아, 인도, 러시아, 미국에서 많이 생산해요.

예부터 금과 은은 화폐와 목걸이, 반지 같은 장식품으로 이용되어 왔어요. 오늘날 금은 치과 의료, 펜촉, 은과 함께 도금 재료 등으로 쓰여요. 살균력 있는 은은 고급 식기, 의학계 등 산업용으로 쓰이고 있어요. 금은 남아프리카 공화국, 미국, 중국, 오스트레일리아에서 은은 페루, 멕시코, 중국, 오스트레일리아에서 많이 생산하지요.

철보다 이용하기 편리한 구리는 철에 앞서 널리 쓰였어요. 구리가 주역이었던 청동기 시대가 철기 시대보다 앞서 있었잖아요. 구리는 금과 은처럼 화폐와 그릇으로, 올림픽 3위에게 수여하는 동메달로 이용해요. **열전도율**이 좋아서 전선과 열선에 많이 쓰이며, 통신의 발달로 더 높이 평가받고 있지요. 구리는 칠레, 미국, 페루, 중국 등에서 많이 생산해요.

알루미늄은 다른 금속에 비해 가볍고 단단하며 **부식**되지 않아요. 그래서 캔, 포일, 야구 배트뿐 아니라 비행기, 자동차 등을 만드는 데 쓰여요. 알루미늄의 주요 광석은 보크사이트예요. 오스트레일리아, 자메이카, 브라질, 수리남에 많이 매장되어 있어요. 하지만 알루미늄을 만드는 데 전력이 많이 들어 중국, 러시아, 캐나다, 미국에서 생산한대요.

 ## 물과 식량 자원

사람들이 살아가는 데 꼭 필요한 것들이 있어요. 바로 물과 식량이에요. 시내, 강, 호수, 바다, 빙하 등의 물을 포함하여 지구상의 물은 80퍼센트라고 해요. 물은 인류와 동식물의 생명을 유지할 뿐 아니라, 농업과 온갖 산업에 쓰이고 있어요. 흔해 보이는 물이지만 가장 필요한 자원이라고 할 수 있어요.

오늘날은 산업이 발전하고 모든 것이 풍부해 보여요. 하지만 언론 매체를 통해 기아에 허덕이는 사람들을 많이 보았을 거예요. 심지어 먹지 못해서 생명을 잃는 이들도 있어요. 식량은 사람이 살아가는 데 필요한 기본 자원으로 매우 중요해요.

세계에서 가장 많이 먹는 식량 자원은 무엇일까요? 정답은 쌀이에요. 앞에서 살펴보았듯이 쌀은 고온 다습한 열대 지역과 온대 지역에서 자라요. 주로 중국, 인도, 인도네시아, 방글라데시 등 아시아 지역에서 많이 생산해요. 쌀은 동남아시아에서 서남아시아와 아프리카로 이동해요. 하지만 대부분이 생산지에서 소비되기 때문에 국제적 이동이 적어요.

두 번째로 많이 먹는 식량 자원은 밀이에요. 밀은 온화한 기후에서 잘 자라요. 추위와 건조한 기후도 잘 견디기 때문에 건조한 초원에서도 잘 자라지요. 밀은 중국, 인도, 미국, 러시아, 캐나다, 오스트레일리아, 아르헨티나에서 많이 생산해요. 이들 나라에서 인구가 많은 중국과 인도를 제외하고, 밀을 주식으로 하는 아시아와 유럽 지역으로 많이 수출돼요.

옥수수는 아메리카 대륙이 원산지로 멕시코에서 재배되기 시작했어요.

쌀 　　　　　　　　　　　　　　　　밀

옥수수

아메리카 원주민 전설에 의하면 옥수수는 최초의 어머니가 몸을 바쳐 자식들에게 준 양식이었대요. 옥수수는 세계 3대 식량 자원이지만 가축의 먹이로 많이 쓰여요. 바이오 에너지인 알코올로, 먹지 않는 부분은 종이, 건축재, 의약품을 만드는 데 이용돼요. 옥수수는 미국, 중국, 브라질, 멕시코 아르헨티나에서 많이 생산해요.

 **맛있는 디저트, 열대작물**

주식 말고 우리가 먹는 것들이 많아요. 특히 열대 농작물인 커피, 코코아, 초콜릿, 차, 바나나 등은 디저트로 많이 먹어요. 초콜릿과 코코아의 원료는 카카오예요. 카카오 콩을 볶아 껍질을 벗겨서 설탕이나 우유 등을 넣어 초콜릿과 코코아를 만들어요. 콜럼버스의 아메리카 대륙 발견 전에, 카카오는 마야 족에게는 화폐로, 아즈텍 족에게는 건강 음료로 이용되는 귀한 열매였어요.

커피는 기원전 800년경에 에티오피아의 한 목동이 발견했다고 해요. 커피나무 열매를 먹은 염소들이 평소보다 더 활발하게 뛰노는 모습을 보고, 목동도 먹었는데 기분이 좋아졌대요. 커피는 세계적으로 사랑받는 음료가 되면서 커피나무의 재배가 빠르게 전 세계적으로 널리 퍼졌어요.

커피는 브라질, 베트남, 콜롬비아, 인도네시아, 에티오피아 등에서 많이 생산해요. 카카오는 코트디부아르, 가나, 인도네시아, 나이지리아, 브라질 등에서 많이 생산되고요, 그 밖에 차는 중국, 인도, 케냐, 스리랑카, 인도네시아에서 많이 재배해요. 바나나는 인도, 중국, 필리핀, 브라질, 에콰도르에서 많이 생산하지요.

열대 농작물은 서구 유럽과 미국 등이 해외 식민지에 세운 플랜테이션에서 재배하고 있어요. 플랜테이션은 서구의 자본과 기술로 열대와 아열대 지역의 노동력과 토지를 이용하는 농업이에요.

하지만 카카오를 생산하는 데 어린이 노동력을 이용하고, 아무리 열심히 일해도 커피콩을 따는 농부와 노동자들이 가난에서 벗어나지 못하는 문제점이 있어요. 다행히 많은 사람들이 **공정 무역**을 통해 정당한 대가가 그들에게 돌아가도록 노력하고 있어요.

상품의 원료가 되는 자원은 지구상에 고르게 분포되어 있지 않아요. 기후나 지형에 따라 생산되는 자원도 달라요. 국가마다 기술 수준이나 소비 수준도 달라서 이용하는 방법이 다르고요. 자원의 생산지와 소비지가 다르기 때문에 자원은 세계 곳곳으로 이동을 해요.

자원이 풍부한 나라가 부유한 나라일까요? 사우디아라비아, 쿠웨이트, 카타르, 아랍에미리트는 석유를 수출하여 경제적 부를 이루었어요. 반면에 알제리, 나이지리아, 앙골라, 가봉, 에콰도르 등은 석유 산유국이지만 가난을 벗어나지 못했어요.

미국, 오스트레일리아, 캐나다는 자원이 풍부하면서 산업이 발전한 부유한 나라예요. 브라질, 러시아, 인도, 중국은 풍부한 자원과 값싼 노동력을

열대 농작물인 커피콩과 커피콩으로 만든 커피

코코아 열매와 코코아 차

초콜릿 열매와 초콜릿, 바나나

이용하여 산업을 발전시키고 있어요.

대한민국과 일본은 자원이 빈약하여 대부분 수입에 의존하지만 경제적 부를 이루었지요. 자원이 풍부하다고 해서 꼭 나라가 부유한 것은 아니에요. 따라서 지혜롭고 효과적으로 자원을 이용하는 일이 매우 중요해요.

9장
세계의 갈등과 문제, 그리고 함께 살아가기

　세계 곳곳에서는 다른 생각, 이념, **이해관계** 때문에 갈등과 분쟁이 일어나고 있어요. 종족, 민족, 종교 단체, 국가 들이 자기의 이익을 위해 전쟁을 벌이기도 하고요. 이러한 갈등과 분쟁은 여러 원인으로 발생해요.

 ## 갈등과 분쟁의 원인들

　민족이 달라서 일어나는 민족 분쟁은 아프리카와 유럽에서 많이 일어나요. 영국의 북아일랜드, 세르비아의 코소보, 러시아의 체첸, 중국의 티베트 족, 터키 이란 이라크 일대의 쿠르드 족 등은 분리 독립을 위해 애쓰고 있어요. 아프리카의 나이지리아, 르완다와 동유럽의 조지아는 한 나라 안에서 서로 다른 민족끼리 전쟁을 벌이고 있지요.

　오랫동안 인류와 함께해 온 종교지만, 서로 다른 종교로 문제가 일어나기도 해요. 카슈미르는 인도가 영국으로부터 독립하면서 분쟁이 시작되었어요. 인도가 힌두교도가 많은 인도와 이슬람교도가 많은 파키스탄으로 분리 독립했을 때 카슈미르의 이슬람교도들이 반발하였고, 여러 번 전쟁이 일어났어요. 이 지역은 인도, 파키스탄, 중국이 국경을 접하고 있어서 영토 분쟁까지 벌어지고 있어요.

　아프리카와 중앙아메리카의 가난한 나라에서 정치 문제로 갈등과 분쟁이 많이 발생해요. 아프리카의 콩고 민주 공화국, 앙골라, 모잠비크, 우간다, 소말리아와 중앙아메리카의 과테말라, 엘살바도르, 아이티와 아시아의 아프가니스탄은 내전 중이에요.

　영토를 두고 분쟁이 일어나는 지역이 있어요. 서사하라 지역은 모로코로부터 독립하려고 해요. 러시아와 일본은 쿠릴 열도를 두고 분쟁 중이에요. 자원은 한 나라의 경제적 발전의 바탕이 되기 때문에 매우 중요해요. 대부

쿠릴 열도, 센카쿠 열도의 지도예요.

분 영토 문제는 자원 전쟁과 맞물려 일어나요.

중국과 일본은 동중국해의 '댜오위다오' 혹은 '센카쿠 열도'라고 하는 곳에서 영유권 싸움을 벌이고 있어요.

베네수엘라의 오리노코 강 유역은 베네수엘라 정부와 미국의 다국적 기업 간에 분쟁 중이에요. 석유가 많이 매장되어 있거든요. 세계 석유의 약 25퍼센트가 매장되어 있다고 추정되는 북극해에서는 러시아, 캐나다, 미국, 덴마크, 노르웨이가 다투고 있어요. 석유가 안 나는 호르무즈 해협의 아부무사 섬도 분쟁 지역이에요. 세계 원유 수송량의 20퍼센트가 지나가는 곳이거든요. 이란은 이곳에 미사일과 군인들을 배치해 놓았대요.

서아프리카의 기니 만은 대규모 유전이 발견된 뒤로 '새로운 중동'으로 주목을 받고 있어요. 바다의 국경이 정확하지 않기 때문에 카메룬, 앙골라, 적도 기니, 나이지리아, 콩고, 가봉, 콩고 민주 공화국, 상투메 프린시페는 영유권을 놓고 분쟁 중이에요.

카스피 해는 육지로 둘러싸인 세계에서 가장 넓은 내해예요. 이곳에는 세계에서 손꼽힐 정도로 많은 석유와 천연가스가 매장되어 있어요. 러시아, 아제르바이잔, 이란, 투르크메니스탄, 카자흐스탄이 유전 지대 및 송유관 확보를 놓고 다투고 있어요.

 ## 중동의 화약고

세계의 분쟁은 한 가지 원인으로 발생하지 않아요. 팔레스타인 지역은 민족, 종교, 영토 분쟁이 복합적으로 일어나고 있어요. 제1차 세계 대전 때, 영국은 팔레스타인에 사는 아랍인들에게는 독립을, 제2차 세계 대전 때는 유대인에게는 국가 건설을 지원하겠다며 이중으로 약속했어요.

전쟁이 끝난 뒤, 팔레스타인 지역은 둘로 나뉘어 팔레스타인 사람들과 유대인이 살게 되었지요. 이스라엘이 건국된 뒤로 이곳은 '중동의 화약고'가 되었고, 폭탄 테러와 보복 공격이 끊임없이 일어나고 있어요.

'수단의 다르푸르 분쟁은 21세기 지구촌의 최대 비극으로 지구 온난화로 초래되었다.' 2007년에 반기문 유엔 사무총장이 어느 신문에 쓴 글이에요. 기후 변화로 물이 부족해지고 경작지가 줄어들며 생존의 문제가 되어 갈등과 분쟁을 겪는 지역들이 있어요.

수단의 다르푸르 지역은 오랫동안 가뭄, **사막화**, 인구 폭발로 심각한 상황이 계속되었어요. 기후 변화로 강수량이 감소하며 이곳의 초지와 농지가 사막으로 변하자 유목민과 농민들 사이에 다툼이 일어났어요.

생명의 원천이자 가장 중요한 자원인 물 때문에 분쟁과 전쟁이 일어나고 있어요. 나일 강에서는 이집트, 수단, 우간다, 에티오피아, 탄자니아, 케냐가 다투고 있어요. 요르단 강에서는 요르단, 이스라엘, 레바논이 다투고 있고요. 갠지스 강에서는 인도, 방글라데시, 네팔, 중국이 메콩 강에서는 중국, 미얀마, 베트남 캄보디아, 라오스, 타이가 분쟁 중이에요.

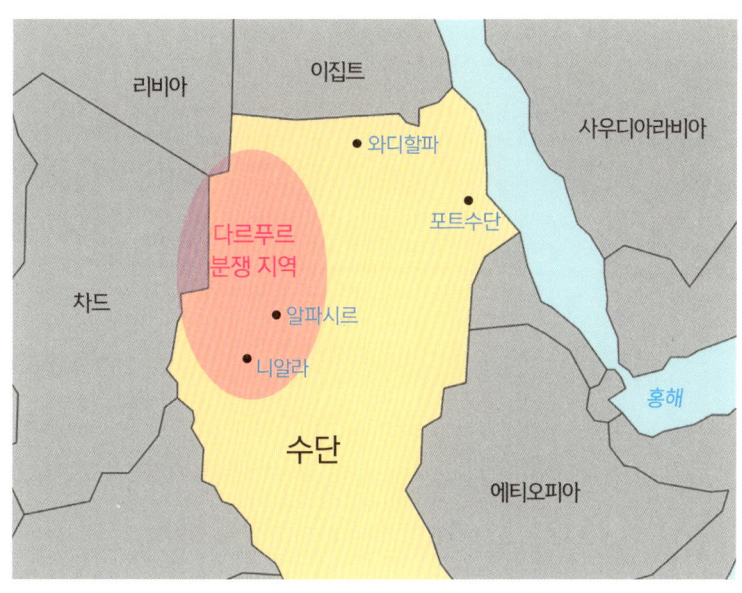

분쟁 중인 수단의 다르푸르 지역

이렇게 갈등과 전쟁이 벌어지면 특히 여성과 어린이들이 가장 큰 피해를 입어요. 총탄에 맞아 생명을 잃고, 고향을 떠나 난민촌에서 살며, 교육이나 의료 기회를 거의 받지 못하는 등 큰 고통을 겪게 돼요.

분쟁과 전쟁이 심각한 곳에는 대한민국을 비롯한 세계 여러 나라의 국제 연합 평화 유지군이 활동하고 있어요. 이들은 분쟁 지역의 휴전과 정전을 감시하고, 치안을 유지하며, 심각한 사태가 재발되지 않도록 노력해요.

많은 민간단체에서도 분쟁 지역의 고통 받는 사람들을 위해 봉사 활동을 벌이고 있어요. 기초 시설을 재건하고 아픈 사람을 치료해 주며 교육을 통해 자립할 수 있도록 돕고 있어요.

 산업화와 도시화의 문제

세계는 농경 사회에서 산업 사회로 발전했어요. 과거와 달리 석탄, 석유, 천연가스 같은 에너지 자원을 이용하면서 더욱 빠르게 산업화되었지요. 생활 수준은 향상되었지만, 산업화는 대량 생산과 대량 소비를 낳았어요.

산업화와 함께 의학과 과학도 더욱 발달했어요. 사람들의 수명도 늘어나고 인구도 급격히 증가했고요. 사람들은 일자리를 찾아 도시로 몰려들었어요. 도시가 여러 곳으로 늘어나고 점점 커지면서 급격하게 **도시화**가 이루어졌어요.

산업화와 도시화로 생활이 편리해졌지만 많은 문제가 발생해요. 어떤 문제들이 일어날까요? 사람들이 살 집이 부족해지고, 일자리가 모자라서 실업자가 증가해요. 이로 인해 빈민가와 범죄가 늘어나고, 교통량이 증가하여 거리가 혼잡해지지요.

무엇보다도 환경오염이 큰 문제예요. 대량 소비로 온갖 오염 물질이 발생하거든요. 차량, 집, 회사, 공장에서 배출하는 가스는 대기를 오염시켜 온실효과를 일으켜요. 온실효과는 빛은 받아들이고 열은 내보내지 않는 온실과 같은 작용을 한다는 데서 유래한 말이에요. 이 현상 때문에 대기 중의 이산화탄소가 증가하여 지표나 하층 대기의 기온이 점차 올라가고 있어요. 그리고 쓰레기, 생활 하수, 공장 폐수는 강, 바다, 지하수의 오염과 땅의 오염을 불러오고 있어요.

사람들은 더 많은 집과 공장을 짓고 물건을 만들며 에너지를 사용하고 있어요. 종이와 목재를 얻기 위해 나무를 베어 내요. 식량을 더 많이 생산하기 위해, 비료와 살충제를 사용하고 산을 개간해 농경지를 만들어요. 자연을 효율적으로 이용한다는 구실로 원시림을 파괴하고 물길을 막는 등 자연을 훼손하지요.

그 결과 지구 온난화와 생태계 변화라는 심각한 환경오염과 환경 문제가 발생했어요. 환경오염은 한 지역, 한 나라에만 영향을 주는 게 아니라 전 세계적으로 피해를 입혀요.

중국에서 불어오는 불청객 황사를 생각해 보아요. 황사는 봄과 초여름에 중국에서 대한민국으로 부는 모래바람이에요. 중국이 산업화되면서 중금

속이 포함된 미세먼지가 황사와 함께 찾아와 심각한 피해를 주고 있어요. 기관지염, 감기, 천식, 눈병 등 각종 질병을 일으키지요. 심한 경우 언론에서 외출을 자제하라고 말해요.

중국 황사로 고통받는 사람들

자동차에서 나오는 오염 물질

공장 굴뚝에서 나오는 오염 물질

공장, 자동차, 화력 발전소에서는 산성이 강한 오염 물질을 내뿜어요. 이것들과 뒤섞여 내리는 산성비는 숲을 파괴하고 땅을 산성으로 만들며 건물을 손상시켜요. 프레온 가스는 태양의 자외선을 막아 주는 오존층을 파괴하고 있어요. 자외선의 양이 지나치게 많으면, 피부암이나 백내장에 걸리기 쉽기 때문에 오존층의 역할은 매우 중요해요.

이산화탄소, 메탄, 오존 같은 온실가스는 지구 온난화의 주범이라고 해요. 온실가스는 우주로 열이 나가는 것을 막아서, 지구의 온도를 적절하게 유지해 주는 필요한 가스예요. 그런데 온실가스가 지나치게 많으면 문제가 돼요. 우주 밖으로 나가야 할 열을 막아서 지구를 점점 더워지게 하거든요.

 ## 지구가 아프다고?

지구가 더워지면 어떤 일이 일어날까요? 냉장고 밖에 내놓으면 얼음이 아주 빨리 녹듯이, 지구의 평균 기온이 올라가 북극의 빙하가 녹아 버려요. 북극곰의 서식지인 빙하가 녹으면 북극곰은 살 곳을 잃게 되어요. 해수면이 높아져 섬들이 바다에 잠기기도 해요. 남태평양 적도 부근의 작은 섬나라 투발루는 벌써 섬 두 개가 바닷물에 잠겨 버렸대요.

기온이 높아지면 기후대도 변해요. 대한민국의 기후가 온대 기후에서 아열대 기후로 바뀌고 있다고 하잖아요. 기후의 변화는 생태계에 영향을 주어

동식물의 서식지와 먹이를 사라지게 만들어요. 때문에 오늘날 많은 동식물들이 멸종 위기에 처해 있어요.

기온 상승은 물에도 많은 영향을 주어요. 오늘날 물은 식량 생산을 위한 농업용수와 산업에 필요한 공업용수로 많이 쓰여요. 필요한 물은 많은데 증발되는 물의 양도 많아서, 많은 나라들이 물 부족으로 고통을 겪고 있어요. 기후 변화로 비가 오지 않아서 사막이 점점 더 늘어나는 것도 문제예요.

사하라 사막이 점점 넓어지고 있어요. 기후 변화와 생태계 파괴로 초원 지역이 모래밭으로 바뀌는 바람에, 사하라 사막이 남쪽으로 조금씩 내려오고 있거든요.

건조 지역은 강수량도 줄어들어서 점점 농사짓기가 힘들고요. 사막화로 이곳에 사는 사람들과 생물들이 더욱 어려워졌어요.

열대 우림의 파괴도 환경과 생태계에 큰 영향을 주어요. 열대 우림은 아마존 강 유역, 인도네시아와 말레이시아 일대, 콩고 분지 일대에 분포해요. 지구의 허파로 불리는 열대 우림은 이산화탄소를 이용하여 산소를 공급하고 지구 온도를 조절해 주어요. 이곳에는 온갖 동물의 서식지로, 전 세계 생명체 종의 절반 이상이 살고 있어요.

인도네시아 지역은 목재용 벌목과 **팜유** 농장을 만들기 위해, 아마존 지역은 햄버거용 **패티**를 공급하기 위한 소 목축지로 개간되고 있어요. 그뿐 아니라 광물 자원 채굴 등으로 파괴되고 있지요.

열대 우림이 파괴되면 동식물의 보금자리가 사라져요. 해마다 이곳에서는 약 5만 종의 동식물이 멸종되고 있다고 해요. 열대 우림 파괴는 이상 기후를 불러와요. 때문에 지구는 태풍, 가뭄, 홍수, 폭설 등으로 고통을 겪고 있어요. 동식물이 멸종되면 마지막에는 사람들도 사라지게 될지 몰라요.

작은 얼음 위에 있는 북극곰

끝없는 사막

나무들이 사라진 숲속의 모습

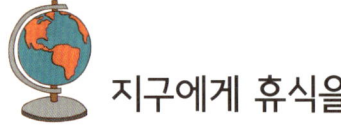 ## 지구에게 휴식을

다행히 세계는 위기를 깨달았어요. 환경 문제는 한 나라의 문제가 아니라 전 세계가 함께 생각하고 고민해야 할 문제임을 알아차린 거예요. 환경 문제를 해결하기 위해, 국제 연합과 국제기구들이 활동하고 있어요.

1972년 6월에 세계 여러 나라들은 스웨덴 스톡홀름에 모여 '국제 연합 인간 환경 회의(UNCHE)'를 열었어요. 최초로 환경 문제에 대해 의논한 뒤로, 국제 사회는 환경 협약을 맺고 지구 환경 문제에 대처하고 있어요.

국제 사회가 벌이는 주요 활동으로 중요한 습지를 위한 '람사르 협약', 오존층 보호를 위한 '몬트리올 의정서', 온실가스 배출량 억제를 위한 '기후 변화 협약', 온실가스 배출 감소를 위한 '교토 의정서'가 있어요.

심각한 가뭄과 사막화의 영향을 받는 나라들을 돕기 위한 '사막화방지협약', 지구상의 생물종 보호와 생물자원의 지속 가능한 이용을 위한 '생물다양성보존협약' 등도 있어요.

민간단체인 비정부 국제 조직 NGO(엔지오)도 환경을 위해 힘을 모으고 있어요. '그린피스'는 핵무기를 반대하고 환경 보호를 위해 활동해요. '지구의 벗'은 지구 온난화 문제를 개선하기 위해 국제적으로 활발히 캠페인을 벌여요. '세계자연보호기금'은 자연을 보존하고 회복하기 위해 여러 나라 사람들이 협력하고요.

대한민국에는 국제 협력은 물론, 자체적으로 활동하는 단체들이 있어요.

환경 문제 해결과 환경 감시자 역할을 하는 '환경운동연합'과 자연과 인간이 하나 되어 살아야 한다는 취지로 녹색 생명 운동을 펼치고 있는 '녹색연합'이 있지요.

앞에서 살펴보았듯이 환경 문제는 세계적인 문제예요. 세계는 1919년에 온실가스 배출을 줄이기 위해 교토 의정서를 채택했어요. 하지만 미국, 캐나다, 일본, 뉴질랜드 등이 차례로 불참하면서 이름뿐인 협약이 되었어요.

그런데 지금은 세계가 기후 변화에 큰 관심을 보이며 개발 도상국과 선진국이 온실가스를 줄이기 위해 함께 힘을 모으려고 노력하고 있어요.

인간은 자연의 일부로, 자연과 조화롭게 살아야 해요. 그러기 위해서 나라들 간의 실질적인 노력뿐 아니라 우리 개개인의 노력도 필요해요.

'티끌 모아 태산'이라는 속담이 있어요. 나라들 간의 국제적 노력에 개개인의 노력이 모아진다면 세계 환경은 더 빨리 좋아질 거예요.

햄버거 하나를 먹을 때마다 열대 우림 나무 한 그루가 사라진다는 말이 있어요. 왜냐하면 햄버거 안에는 주로 소고기가 들어가는데, 열대 우림의 나무들을 베어 내고 그곳에 소를 키우기 위한 방목장을 만들기 때문이래요.

이산화탄소를 덜 배출하고 보다 나은 환경을 만들기 위해 우리는 어떤 일을 할 수 있을까요? 재생 에너지 사용, 대체 에너지 개발, 재활용, 쓰레기 줄이기, 전등 끄기, 대중교통 이용하기, 에너지 낭비 줄이기 등 할 수 있는 일은 무궁무진해요.

인간은 자연의 일부로 자연과 조화롭게 살아야 해요. 그러기 위해서 나라들뿐 아니라 개개인도 노력해야 해요. '지구촌 불끄기' 운동에 대해 들어 본 적이 있나요? 이는 환경오염으로 인해 기후가 변한다는 위험성을 인식하고 탄소 배출량을 감소시키는 등 지구의 환경을 보호하기 위한 목적으로, 전 세계인들이 동시에 한 시간 동안 불을 끄는 국제 환경 운동이에요.

병으로 앓고 있는 지구가 잠깐이나마 휴식을 취하는 캄캄해진 지구를 상상해 보아요. 어떤 느낌이 들까요?

용어 설명

공정 무역 생산자와 소비자의 상호 존중에 기초한 무역으로, 특히 제3세계의 소외된 생산자와 노동자에게 보다 좋은 조건을 제공하고 그들의 권리를 보장해 줌으로써 인류의 지속 가능한 발전에 기여하는 무역 협력

국제 연합(UN) 지구가 직면한 문제들을 해결하기 위해 창설한 국제 평화 기구로, 본부는 미국의 뉴욕에 국제사법재판소는 네덜란드의 헤이그에 있음

극야 오랫동안 해가 뜨지 않아 낮에도 계속 어두컴컴한 상태

대류 기체나 액체에서 물질이 뜨거워져 올라가면 차가운 것이 내려오며 이동함으로써 열이 전달되는 현상

대상 사막이나 초원에서 낙타나 말에 짐을 싣고 떼를 지어 다니며 특산물을 사고 팔았던 상인 집단

대항해 시대 15~16세기에 걸쳐 유럽인들이 새로운 항로를 개척하고 신대륙을 발견하던 시대

도시화 도시에 인구가 증가하고, 그 결과 도시의 생활 양식이 확대되며 국가 전체의 산업 구조에 변화가 나타나는 현상

백야 남극과 북극 가까운 지역에서 밤에 어두워지지 않는 현상

부식 금속이 공기나 물 등의 화학 작용에 의해 삭아 가는 현상을 말함

사막화 기후 변화와 인간의 영향으로 건조 지역과 반건조 지역으로 사막 환경이 넓어지는 현상

습윤 습기가 많음

식생 일정한 장소에 모여 사는 특유한 식물군

실크 로드 아시아에서 유럽까지 연결된 고대의 무역 길로, 중국의 특산물 비단을 유럽으로 가져 간 데서 유래함

아크로폴리스 고대 그리스의 도시 중심이나 배후에 있던 언덕을 이름

열전도율 물체의 내부에서 열이 전달되는 정도를 나타낸 비율로 온도나 압력에 따라 달라짐

연안국 강, 호수, 바다와 맞닿아 있는 나라

올멕 문명 기원전 1200년경에 멕시코에서 발생한 아메리카 대륙의 초기 문명

용식 작용 암석이 물에 녹는 현상

월식 달이 지구의 그림자에 의해 일부 또는 전부가 가려지는 현상

육분의 두 점 사이의 각도를 정밀하게 재는 광학 기계

이해관계 서로 이익과 손해가 걸려 있는 관계

일사량 태양의 복사 에너지가 땅에 닿는 양

점토판 점토를 이겨서 그 위에 글씨를 썼던 판으로 메소포타미아 지방에서 주로 여기에 문자를 기록함

중계 무역 다른 나라에서 사들인 물건을 그대로 다른 나라에 수출하는 무역

지표 땅의 표면

카스트 제도 승려인 브라만, 귀족과 무사인 크샤트리아, 평민인 바이샤, 노예인 수드라로 나뉘는 인도의 세습적 계급 제도로 계급에 따라 결혼, 직업 등 일상생활에 규제가 따름

타이가 유라시아 대륙에서 북아메리카를 동서 방향 띠 모양으로 둘러싼 침엽수림

퀼트 안감과 겉감 사이에 솜을 넣어 무늬가 두드러지게 바느질하는 방법

파랑 바다에서 일어나는 크고 작은 물결

팜유 야자나무 열매에서 짜낸 기름으로 과자, 아이스크림, 마가린, 식용유, 화장품, 비누 등 널리 쓰임

패티 햄버거 빵 사이에 넣는 다진 고기

평균 태양 1년을 주기로 천구의 적도를 따라 일정한 속도로 서쪽에서 동쪽으로 운행한다고 가정한 태양으로 평균 태양시를 설정하기 위해 생각해 냄

풍화 작용 지표를 이루는 암석이 햇빛, 공기, 물, 생물 등의 작용으로 점차 작은 돌로 분해되거나 파괴되는 일

플랜테이션 현지 원주민의 값싼 노동력을 바탕으로 단일 작물을 재배하는 거대한 농업을 말함

해발 고도 바닷물의 평균 표면을 기준으로 측정한 어떤 지점의 높이

환초 고리 모양으로 배열된 산호초로, 안쪽은 얕은 바다를 이루고 바깥쪽은 큰 바다와 닿아 있음

참고 도서와 참고 웹사이트

• 참고 도서

『글로벌 음식 문화의 이해』, 박경태, 백종은, 조용범, 도서출판 석학당, 2008, 1장 식생활과 음식문화

『동에 번쩍 서에 번쩍 세계 지리 이야기』, 조지욱, 사계절, 2013

『말랑하고 쫀득한 세계지리 이야기』, 케네스 C. 데이비스 지음, 푸른숲, 2003

『살아있는 지리 교과서 1 자연지리』, 전국지리교사연합회 지음, 휴머니스트, 2011

『살아있는 지리 교과서 2 인문지리』, 전국지리교사연합회 지음, 휴머니스트, 2011

『세계 지리를 보다 1 세계 자연·인문 환경, 아시아』, 박찬영·엄정훈 지음, (주)리베르 스쿨, 2012

『세계 지리를 보다 2 유럽 서남아시아』, 박찬영·엄정훈 지음, (주)리베르 스쿨, 2012

『세계 지리를 보다 3 아메리카, 아프리카, 오세아니아』, 박찬영·엄정훈 지음, (주)리베르 스쿨, 2012

『세상에서 가장 재미있는 세계지도』, 재미있는 지리학회 지음, 박영난 옮김, 북스토리, 2007

『인문지리학개론』, 한국지역지리학회 엮음, 최병두 외 지음, 한울아카데미, 2008, 1장 지리학의 개념과 연구 주제의 구성

『지식 정보 사회의 지리학 탐험』, 박상목 외 16인 지음, 한울아카데미, 2004, 5장 기후를 알면 세상이 보인다

『초등학생이 꼭 읽어야 할 세계 지리』, 헤더 알렉산더, 사계절, 2011

everything kids' geography book, jane P. Gardner and J. Elizabeth Mills, Adamasmedia, 2009

National Geographic Kids World Atlas, National geographic Children's Books; 4th Edition, 2013

- 웹사이트

두피디아 http://www.doopedia.co.kr
위키 백과 http://ko.wikipedia.org
위키피디아 http://en.wikipedia.org
브리태니커 http://www.britannica.com
한국 브리태니커 http://www.britannica.co.kr
한국 기후·환경 네트워크 http://blog.naver.com/greenstartkr